Barbara Bartos-Höppner
SCHNÜPPERLE
kommt in die Schule

Barbara Bartos-Höppner

Schnüpperle

kommt
in die Schule

Mit Illustrationen
von Julia Wittkamp

cbj ist der Kinder- und Jugendbuchverlag
in der Verlagsgruppe Random House

www.cbj-verlag.de

FSC

Mix

Produktgruppe aus vorbildlich
bewirtschafteten Wäldern und
anderen kontrollierten Herkünften

Zert.-Nr. SGS-COC-1940
www.fsc.org
© 1996 Forest Stewardship Council

Verlagsgruppe Random House FSC-DEU-0100
Das für dieses Buch verwendete FSC-zertifizierte Papier *EOS*
liefert Salzer, St. Pölten.

Gesetzt nach den Regeln der Rechtschreibreform

16. Auflage
© 1986 cbj Verlag, München
Umschlaggestaltung: basic-book-design, Karl Müller-Bussdorf
Umschlagbild und Innenillustrationen: Julia Wittkamp
bm · Herstellung: Peter Papenbrok
Satz: Uhl + Massopust, Aalen
Druck: GGP Media GmbH, Pößneck
ISBN-10: 3-570-05223-0
ISBN-13: 978-3-570-05223-5
Printed in Germany

Mutter

Vater

Annerose

Schnüpperle

Oma

Susanne

Annelie

Inhalt

1
Der Schulkönig

»Mutter, nachher kriegen wir gleich
Besuch.« Annerose kommt aus der Schule.
»Und weißt du, warum? Wegen
Schnüpperle.«
»Ich hab aber nichts angestellt«, ruft
Schnüpperle, »und schlechte Worte habe
ich auch nicht gesagt.«
»Was kann denn das für ein Besuch sein?«,
fragt Mutter.
»Ihr könnt ja mal raten.«
»Ist es Oma?«, fragt Schnüpperle.
»Nein«, sagt Annerose, »es ist jemand
anderes. Es ist – es ist – weil du nach den
großen Ferien in die Schule kommst.«

»Ach, jetzt weiß ich's, Annerose, es ist Frau
Buschmann.«
»Überhaupt nicht. Es ist dein Schulpate.
Der bringt einen Brief und stellt sich vor.«
»Vor was stellt er sich denn?«
»Vor gar nichts, Schnüpperle, mit dir ist es
zum Wahnsinnigwerden, du verstehst
überhaupt nichts.«
»Dann kannst du's mir ja sagen.«
»Wer sich vorstellt, sagt zuerst Guten Tag

und dann: Ich heiße so und so und alles andere.«

»Mutter, was ist denn das, ein so und so, wie Annerose gesagt hat? Was ist denn das für ein Mann?«

»Das ist überhaupt kein Mann«, ruft Annerose, »das ist ein Junge.«

Mutter nickt. »Ich denke, es wird ein Junge sein, der sich um dich kümmert, wenn du in die Schule kommst. Zuerst weißt du doch noch nicht richtig Bescheid, in der Pause, auf dem Schulhof oder in der Pausenhalle.«

»Und wenn du austreten musst«, sagt Annerose, »geht er auch mit dir los.«

»Das will ich aber nicht, Donnerwetter, ich bin doch kein Baby mehr.«

»Er zeigt dir doch bloß die Tür.«

»Vielleicht holt er dich auch in den ersten Tagen von zu Hause ab«, sagt Mutter, »oder er wartet auf dich im Schulhof und bringt dich in die richtige Klasse. Ein Pate, Schnüpperle, ist jemand, der dir behilflich ist.«

»Macht er mir auch die Schularbeiten, wenn ich keine Lust habe?«

»Haha, das könnte dir so passen.« Annerose

lacht. »Nein, nein, die Schularbeiten musst du alleine machen.«

»Dann brauch ich ihn gar nicht. Dann soll er nicht erst kommen und sich davorstellen, dann will ich ihn überhaupt nicht …«

In diesem Augenblick klingelt es. Annerose rennt an die Tür. Schnüpperle fasst nach Mutters Hand. »Das ist der so und so, ganz bestimmt.«

»Tach«, sagt der Junge an der Tür, »ich soll diesen Brief abgeben, von Frau Bornbrügge, das wird Schnüpperles Lehrerin. Und außerdem möchte ich sagen, dass ich Klaus König heiße und dass ich Schnüpperles Schulpate bin, und ich werde mich um ihn kümmern, wenn er nach den großen Ferien in die Schule kommt. Heute sind nämlich die Schulpatenstellen verteilt worden.«

»Und da hast du dich für Schnüpperle entschieden«, sagt Mutter.

»Ja, ich wohne ja nicht weit weg und ich kenne Annerose und …«

»Du hast mir doch meine Lenkstange vom Roller wieder richtig gebogen, neulich, du weißt schon.«

»Hmhm, als du hingeflogen bist.«

»Und meinen Ball hast du auch aus dem Garten wiedergeholt.«

»Der Zaun war ja nicht hoch«, sagt der Junge.

Schnüpperle kichert. »Aber du hast für jeden einen Apfel mitgebracht.«

Mutter holt Luft. »Also, du heißt Klaus König und bist Schnüpperles Schulpate. Wann wirst du dich denn nun um ihn kümmern?«

»Gleich am ersten Schultag. Aber vorher muss ich noch zwei Karten malen, auf denen der Name steht. Schnüpperle, richtig groß und deutlich. Am ersten Schultag komm ich dann und hole Schnüpperle ab.«

»Mutter auch?«, fragt Schnüpperle.

»Nee, dich ganz alleine. Wir fahren mit dem Bus zur Schule.«

»Mit dem Bus?«, ruft Annerose.

»Schnüpperle wird mit dem Bus abgeholt? Das ist ja allerhand.«

»Ich will aber gar nicht mit dem Bus abgeholt werden, wenn Mutter nicht mitkommen darf. Dann versteck ich mich im Keller, da kannst du lange suchen.«

»Deine Mutter kommt doch hinterher.

Wenn die Schule aus ist, wartet sie auf dich mit der Schultüte. Das ist bei allen anderen Kindern auch so.«

»Bei Susanne auch?«

»Ja«, sagt Annerose, »bei Susanne ist es auch so.«

»Bist du auch Susannes Schulkönig?«

»Nee, bloß deiner. Aber ich bin kein König, ich heiße bloß so, ich bin dein Schulpate.«

Als der Junge gegangen ist, sagt Schnüpperle: »Mit der Schule, das möchte ich nicht, Mutter. Ich will auch nicht im Bus fahren und eine Schultüte will ich auch nicht. Ich bleib lieber bei dir.«

»Also, Schnüpperle, du musst doch Lesen und Schreiben lernen und Rechnen.«

»Willst du vielleicht, dass die Kinder hinter dir Dummbeutel herrufen oder Blödi?«, fragt Annerose.

»Will ich nicht. Aber wenn Mutter nicht mitkommen darf in die Schule, dann bleibe ich eben doch lieber hier.«

2
Mutter muss in die Schule

»Weißt du, wohin Mutter heute Abend
geht?«, fragt Schnüpperle. Er hat Frau
Kasseroll im Garten gesehen und ist
hinausgerannt.
»Nein«, sagt sie, »wohin denn?«
»In die Schule. Alle Muttern und Vatern
sind vorgeladen. Das hat in dem Brief
gestanden, den mein Schulkönig
mitgebracht hat.«
»Dein Schulkönig?«, fragt Frau Kasseroll.
»Hmhm, das ist ein Junge, weißt du, der
heißt Klaus Pate und vor ein paar Tagen hat
er sich bei uns eingestellt.«
Zuerst lacht Frau Kasseroll, dann sagt sie:

»Ach, ich ahne es. Die Schule hat zu einem Elternabend eingeladen und der Junge hat euch den Brief gebracht und sich vorgestellt.«

»Stimmt genau«, sagt Schnüpperle. »Bei Susanne gehen alle beide hin, aber bei uns bloß Mutter, weil es schon so zeitig losgeht und bei uns ist es immer wie verhext.«

»Deine Mutter ist eine sehr gescheite Frau«, sagt Frau Kasseroll, »die schafft es alleine.«

»Das hat Vater auch gesagt. Aber Mutter

hat ihn so komisch angeguckt und die Tür
hat sie auch zugeknallt.«

Am Abend, als Mutter gegangen ist, sagt
Schnüpperle zu Annerose: »Ich möchte
bloß wissen, was Mutter in der Schule
macht. Ob sie rechnen muss oder
schreiben?«

»Bestimmt nicht, beim Elternabend kriegen
die Eltern alles Mögliche gesagt, was sie für
Bücher und Hefte kaufen müssen und so.«

»Bei uns kriegt es aber bloß Mutter gesagt.«

»Das ist doch egal. Jetzt leg dich endlich hin
und schlaf«, sagt Annerose.

»Kann nicht schlafen, ist viel zu warm.«
Aber kurz bevor Mutter heimkommt, ist
Schnüpperle doch eingeschlafen. Er schläft
so fest und so lange, dass er nicht einmal
hört, wie Annerose am nächsten Morgen
aufsteht. Erst als es wieder still im Hause
geworden ist, wird er wach. Mutter sitzt an
seinem Bett.

»Bist du jetzt erst aus der Schule
heimgekommen, Mutter?«
Mutter lacht und zieht die Vorhänge auf.

»Donnerwetter!«, ruft Schnüpperle, »die
Sonne scheint ja schon.«

Mutter zeigt Schnüpperle den langen Zettel, den sie aus der Schule mitgebracht hat. »Das müssen wir alles einkaufen gehen, das brauchst du, wenn du in die Schule kommst.« Mutter fängt an vorzulesen: »Ein Schwungheft Nr. 1, zwei Rechenhefte Nr. 7, ein Oktavheft, eine Heftordnungsmappe DIN A4, zwei Bleistifte Nr. 2, einen Rotstift, einen Radiergummi, einen Anspitzer.«

»So viel, Mutter, so viel?«

»Das ist noch lange nicht alles, Schnüpperle. Ein kleines Lineal, sechs Buntstifte...«

»Buntstifte, die hab ich, die brauchen wir nicht zu kaufen.«

»Sechs Wachsmalstifte...«

»Die nehm ich einfach von Annerose.«

»Sechs Filzstifte, eine Bastelschere und einen Klebestift.«

»So viel müssen wir kaufen, Mutter?«

»Das ist immer noch nicht alles, Schnüpperle. Einen Tuschkasten brauchen wir, zwei Pinsel dazu und außerdem zwei Zeichenblöcke, dazu Tuschlappen und Tuschbecher. Und jetzt kommt das

Turnzeug: Hose, Hemd, Schuhe und Turnbeutel.«

»Auf Turnen freue ich mich, Mutter, was meinst du, wie ich loslegen werde.« Schnüpperle springt aus dem Bett. Zuerst boxt er auf Mutter los, dann dribbelt er wie ein Fußballer. »Tor«, ruft er, »Tor!«

»Ob ihr gleich Fußball spielt, weiß ich nicht, aber meine Liste ist immer noch nicht zu Ende. Jetzt kommen erst die teuren Sachen dran: die bunte Fibel und das Arbeitsheft und der Schreiblehrgang dazu und…« Mutter liest eine Weile leise vor sich hin, dann sagt sie: »Die ›Welt der Mathematik‹ müssen wir auch kaufen.«

»Was für eine Mamatik?«

»Die ›Welt der Mathematik‹. Das ist nichts anderes als ein Rechenbuch.«

»Warum heißt es nicht Rechenbuch, Mutter?«

»Das möchte ich auch wissen, das wäre viel einfacher.«

Als Mutter alles vorgelesen hat, wäscht sich Schnüpperle, frühstückt und zieht sich an. Dann geht er in den Garten und spielt mit seinem Hund. Auf einmal sieht er, dass

Frau Kasseroll hinten im Garten Bohnen pflückt. Sie langt Schnüpperle schnell ein paar Radieschen über den Zaun.

»Wir müssen jetzt gleich einkaufen gehen«, sagt Schnüpperle, »Mutter und ich, alles für die Schule. Sie können sich überhaupt nicht vorstellen, wie viel wir kaufen müssen. Zuerst ein Schwungheft. Das muss man immer so um sich rumschleudern, wissen Sie.« Schnüpperle dreht sich mit ausgebreiteten Armen um sich selber.

»Dann brauch ich zwei Rechenhefte und ein Oktoberheft. Dann eine Heftordnungsmappe, die heißt dünne Vier. Zwei Bleistifte und einen Rotstift brauch ich auch, einen Radiergummi, einen Anspitzer und ein Indial. Die Buntstifte nehme ich von mir und die Filzstifte einfach von Annerose. Bloß die Bastelschere wird sie mir nicht geben, weil sie so eine alte Geizliese ist. Dann brauch ich noch Zeichenblöcke, einen Tuschkasten und Pinsel und Tuschlappen. Und Turnzeug. Eine Hose, ein Hemd und Schuhe und einen Turnbeutel.«

Schnüpperle fängt wieder an zu dribbeln, er wirft ein Bein in die Höhe und ruft: »Tor,

Tor! – Ich glaube, ich werde im Turnen eine
große Kanone. Tor, Tor, Tor!«
»Brauchst du denn gar keine Bücher?«,
fragt Frau Kasseroll.
»Doch«, sagt Schnüpperle, »ich brauch die
bunte Friedel und noch so ein paar Hefte
dazu. Die kosten viel Geld. Mutter hat es
mir vorgelesen. Und dann brauch ich noch
die ›Welt der Mamatik Nr. 1‹.«
Frau Kasseroll sieht Schnüpperle an.
»Ja, wirklich«, sagt Schnüpperle, »Mutter
hat auch gesagt, ›Rechenbuch‹ wäre viel
einfacher, aber es heißt ›Mamatik‹, und das
müssen wir jetzt alles kaufen gehen.«

3
Was ist ein Fu?

Zuerst kauft Mutter mit Schnüpperle die Hefte und die Bücher ein. »So«, sagt sie, »und jetzt muss ich noch Wolle besorgen.«
»Wolle?«, fragt Schnüpperle, »für einen Pullover?«
»Nein, das wird kein Pullover, aber es ist auch für die Schule und heißt ›Fu‹.«
»Mutter, was ist denn das?«
»Das ist ein lustiger Kerl, der dir beim Lesenlernen hilft.«
»Und warum gehen wir Wolle kaufen?«
»Weil der Fu gestrickt werden muss.«
»Ach, Mutter, sag's mir doch mal richtig. Ich kann das überhaupt nicht verstehen.«

»Du wirst es schon sehen, Schnüpperle. –
Ich möchte eine Lage Wolle«, sagt Mutter
im Wollladen.
»In welcher Farbe?«, fragt die Verkäuferin.
»Und was soll es denn werden?«
»Ein Fu«, sagt Schnüpperle, »aber ich weiß
überhaupt nicht, was das ist.«
Die Verkäuferin langt unter den Ladentisch
und zieht sich einen Fu über die Hand. »So
sieht der aus«, sagt sie.
»Hach«, ruft Schnüpperle, »das ist ja ein
richtiger Frickfrack.«

Die Verkäuferin sieht den Fu auf ihrer Hand an. »Hast du das gehört, du sollst ein Frickfrack sein.« Sie lässt den Fu seinen schwarzen Mund aufreißen. »Nein, nein, ich bin der Fu – Fuuu, verstanden!« Dazu schüttelt der Fu seinen schwarzen Puschelkopf.

Schnüpperle lacht und lacht. Dann muss er sich die Farbe aussuchen, die sein Fu haben soll. Gelb ist da, Rot, Orange, Blau, Grün. »Diese Farbe möchte ich haben.«

»Oh«, sagt die Verkäuferin, »Pink.«

»Pink«, piepst Schnüpperle, »pink, pink, pink.«

»Die Farbe heißt so«, sagt Mutter und sucht die weißen Knopfaugen für den Fu aus und Stoff für die schwarzen Ohren und ein bisschen schwarze Wolle für den Mund. Die Verkäuferin packt alles ein und Mutter bezahlt.

Auf dem Heimweg hopst Schnüpperle vor Mutter her.

»Fu-Fu-Fu«, singt er, »ich und du – Müllers Kuh, Müllers Esel, der bist du.« Dann singt er: »Pink – pink – pink… Mutter, was passt denn hinten mit pink zusammen?«

»Fink«, sagt Mutter, »oder flink, was anderes fällt mir jetzt auch nicht ein. Pink – pink – pink, singt der Fink«, sagt Mutter.

»Flink – flink – flink«, ruft Schnüpperle.

Zu Hause setzt sich Mutter hin und fängt gleich an zu stricken.

»Wie lange dauert es denn mit dem Fu?«, fragt Schnüpperle.

»Vor morgen ist er nicht fertig.«

»Ist gut, ich geh mal rüber zu Susanne.«

Susanne steht mit ihrem Puppenwagen vor dem Haus.

»Strickt dir deine Mutter auch einen Fu?«, fragt Schnüpperle.

»Nee, meine Mutter hat keine Lust dazu.«

»Dann hast du ja gar keinen Fu, wenn du in die Schule kommst.«

»Dann habe ich eben keinen«, sagt Susanne, »Unsere Lehrerin hat ja einen.«

»Aber ich krieg einen von Mutter gestrickt. Morgen ist er fertig. Dann braucht er bloß noch die Augen drangenäht zu kriegen und die schwarzen Ohren und den schwarzen Puschelkopf.«

»Ist das wahr?« Susanne setzt sich auf die Treppe. »Schade, ich möchte auch gerne einen haben. Habt ihr nicht noch einen Fu von Annerose?«

»Nein, Annerose hat was ganz anderes. Die hat einen Tabakuk oder so. Der hängt bei ihr überm Bett. Den rückt sie bestimmt nicht raus, du kannst dich drauf verlassen.«

»Schnüpperle, könntest du nicht deine Mutter fragen, ob sie mir auch einen Fu strickt? Ich möchte doch auch gerne einen haben, wenn *du* einen hast. Wie sieht denn dein Fu überhaupt aus?«

»Wie ein richtiger Frickfrack«, sagt Schnüpperle. »Er hat ganz schwarzes Puschelhaar und schwarze Ohren und einen schwarzen Mund.«

»Woher weißt du denn das alles?«

»Weil ich ihn in dem Geschäft gesehen habe, in dem wir die Wolle für ihn gekauft haben.«

»Was für eine Farbe kriegt denn dein Fu?«

»Pink«, sagt Schnüpperle.

»Pink.« Susanne tippt sich an die Stirn. »Pink gibt es überhaupt nicht.«

»Gibt es doch«, sagt Schnüpperle, »und wenn du's nicht glaubst, dann strickt dir Mutter bestimmt keinen.«

»Und wie sieht Pink aus?«

»Och, so rosa und ein bisschen rot, so ähnlich wie Anneroses neuer Rock, eben pink, Donnerwetter.«

Susanne schiebt ihren Puppenwagen hin und her. »Ob wir deine Mutter mal fragen gehen?«

Schnüpperle nickt. »Und was für eine Farbe willst du?«

»Das weiß ich jetzt noch nicht. Wir müssen doch erst in das Geschäft gehen, wo ihr die Wolle gekauft habt.«

»Aber ich weiß schon, was du für eine Farbe nimmst. Du nimmst Penk. Und wenn wir dann zusammen in der Schule sitzen, sagt dein Fu immer: penk – penk – penk und meiner sagt: pink – pink – pink.«

»Meinst du, dass die Fus das machen dürfen?«

»Warum denn nicht? Aber jetzt gehen wir nachsehen, wie weit Mutter schon mit meinem Fu ist.«

4
Wo ist Schnüpperles Zahn?

Jeden Samstag, wenn Vater zu Hause bleibt,
gibt es Brötchen zum Frühstück. Einmal
geht Vater zum Bäcker und einmal
Schnüpperle. Wenn nicht viel los ist im
Laden, kriegt Schnüpperle von der Bäckerin
einen Keks.
»Na«, sagt sie heute, »jetzt kommst du bald
in die Schule, Schnüpperle.«
»Leider, dann kann ich gar nicht mehr
Brötchen holen kommen.«
»Das stimmt«, sagt sie und legt
Schnüpperle diesmal zwei Kekse hin.
Als er draußen in den ersten beißt, tut ihm
plötzlich ein Zahn furchtbar weh, und als er

mit der Zunge fühlt, merkt er, dass der
Zahn wackelt. Schnüpperle rennt los.
»Mutter! Mutter, guck doch mal.«
Schnüpperle macht den Mund auf und
stößt mit seiner Zunge gegen den Zahn.
»Ach, du liebe Zeit, jetzt ist es so weit, dass
deine Milchzähne rausgehen.«
»Aber das will ich doch gar nicht, Mutter,
das tut doch weh und ich kann nicht mehr
richtig essen.«
»Es kommen ja neue nach, Schnüpperle,
richtige feste Zähne, die stoßen die anderen
jetzt raus.«
»Aber das tut doch weh, Mutter.«
»Ja, aber das hilft nun nichts.«
»Ist es bei Annerose auch so gewesen? Und
bei dir auch und bei Vater?«
Mutter nickt.
Als sie am Frühstückstisch sitzen, stößt
Schnüpperle wieder mit der Zunge an den
lockeren Zahn.
»Der wackelt ja hin und her wie ein
Lämmerschwanz«, sagt Vater. Schnüpperle
lacht, aber als er dann in das Brötchen
beißt, fängt er an zu jammern.
»Aua, aua. Ich kann das Brötchen

überhaupt nicht essen. Ich möchte lieber Müsli oder so was.«

»Das Beste wäre, du lässt mich deinen Zahn anfassen und einen Ruck machen«, sagt Vater, »dann ist er raus.«

»Aber das tut doch weh, Vater.«

»Aber nur einen Augenblick, dann ist die Sache erledigt. Raus muss der Zahn.«

»Das will ich aber nicht, ich habe Angst.«

Also macht Mutter für Schnüpperle ein Müsli zurecht. Mittags bekommt er Kartoffelbrei und am Abend wieder Müsli. Und am Sonntag, als der Zahn noch mehr wackelt, isst er überhaupt nichts mehr. Inzwischen mag er schon nicht mehr sprechen, so weh tut der Zahn. Als Annerose in einen schönen, knackigen Apfel beißt, heult er los.

»Ich muss verhungern. Deshalb brauch ich auch keinen Schulkönig und keinen Tornister, weil ich bald verhungert bin.«

Vater sagt: »Also wenn ich deinen Zahn nicht anfassen soll, dann kannst du dir ja von Mutter einen Faden drumbinden lassen und Annerose bindet das andere Ende an die Türklinke. Dann hält dich Mutter fest und ich mach die Tür zu. Du sollst mal sehen, wie der Zahn rausfliegt.«

Mutter sieht Vater an. »Ach, Erich, diese olle Kamelle. Wir machen das ganz anders. Ich gehe morgen mit Schnüpperle zum Zahnarzt. Schade, dass heute Sonntag ist.«

Damit Schnüpperle seinen Zahn ein bisschen vergisst, machen sie einen Ausflug. Zuerst wandern sie an einem See entlang, dann mietet Vater ein Boot und rudert mit ihnen. Als sie zurückkommen, steigt ihnen der Duft von einem Bratwurststand in die Nasen. Vater steuert gleich darauf zu und bestellt für jeden die größte Bratwurst, die zu haben ist. Am hungrigsten beißt Schnüpperle hinein. Und dann schreit er auch schon los.

»Mutter! Vater! Annerose!« Dann beguckt er seine Wurst. »Hier«, ruft er, »hier.« Und auf einmal lacht Schnüpperle los. Jetzt sehen alle, dass er vorn eine Zahnlücke hat.

Am anderen Morgen ist Schnüpperles erster Weg zu seiner Freundin Annelie. »Guck mal«, sagt er und lacht ganz breit. »Schnüpperle, du hast ja eine Zahnlücke.« »Hmhm«, macht Schnüpperle und hält

zwischen Daumen und Zeigefinger den
Zahn hoch. »Gestern aussgebissen, an einer
Bratwurst. Hat nicht doll wehgetan.«
Schnüpperle zeigt seine Zahnlücke
Annelies Mama, und dann zeigt er sie dem
Buberl, das ist Annelies kleiner Bruder.
»Den Ssahn hebt Mutter auf. Hat ssie mit
Annerosses Ssahn auch sso gemacht.«
Dann spielen sie ein bisschen mit dem
Buberl. »Mutter hat gessagt, meinen neuen
Ssahn kann man schon ssehen.«
»Zeig mal«, sagt Annelie. Schnüpperle
macht den Mund auf und Annelie guckt
und guckt.
Auf einmal schreit Schnüpperle: »Mein
Ssahn iss weg! Wo iss denn mein Ssahn?«
Schnüpperle und Annelie suchen, aber sie
können den Zahn nicht finden.
Plötzlich ruft Schnüpperle: »Dass Buberl,
guck doch mal, Annelie, dass Buberl.« Das
kleine Buberl sitzt da, freut sich über das
ganze Gesicht und kaut.
»Was isst du denn, Buberl?«, fragt Annelie.
»Meinen Ssahn«, ruft Schnüpperle, »ganss
besstimmt meinen Ssahn.«
»Mama«, schreit Annelie, »komm schnell,

Mama, das Buberl – Schnüpperles Zahn ist weg.«

Die Mama kommt hereingestürzt. Sie hält dem Buberl einen großen Keks hin.

»Mamm-mamm-mamm«, macht das Buberl.

»Zeig doch mal deine Zunge«, sagt Annelies Mama.

»Mamm-mamm-mamm«, macht das Buberl wieder.

»Buberl«, sagt die Mama, »sag doch mal: Annelie.« Das Buberl sagt aber wieder bloß: »Mamm-mamm-mamm«, und kaut weiter.

»Buberl, guck mal, hier ist so ein schöner großer Keks für dich. Den isst du doch so gerne.« Das Buberl nickt und kaut. Schnüpperle und Annelie gucken das Buberl an.

»Zeig mir doch mal, was du im Mund hast«, sagt die Mama und drückt dem Buberl den Keks in die Hand.

»Annenie«, sagt das Buberl. Und als es den Mund aufmacht, sieht die Mama, dass es wirklich Schnüpperles Zahn im Mund hat.

»Was sollen wir denn bloß machen?«, sagt

die Mama. »Das Buberl kriegt es fertig und schluckt den Zahn runter.«

»Nein, Buberl, nicht«, ruft Schnüpperle, »meinen schönen Ssahn.«

Darüber fängt Annelie furchtbar an zu lachen und auf einmal blubbert das Buberl mit dem Mund. Im nächsten Augenblick fliegt Schnüpperles Zahn im hohen Bogen in die Stube.

»Endlich«, sagt die Mama und Schnüpperle ruft: »Gott ssei Dank.«

»Den Zahn legen wir aber jetzt sofort in eine leere Streichholzschachtel«, sagt die Mama, »damit das nicht noch mal passiert.«

5
Hoffentlich gibt es noch Schultornister

»Schnüpperle«, ruft Susanne, »willst du
mal was sehen?« Sie geht vor dem Haus
hin und her. Auf dem Rücken hat sie ihren
Schultornister. Schnüpperle reißt die Tür
auf und rennt die Treppe hinunter.
»Der ist aber schön, Donnerwetter.«
»Ja, nicht? Gelb und weiß, so einen kannst
du nicht mehr kriegen. Es war nämlich der
Allerallerletzte.«
»Lässt du ihn mich auch mal tragen?«
»Jetzt noch nicht, jetzt will ich erst mit ihm
losgehen.«
»Oha, jetzt wird es aber ernst mit euch
beiden.« Das ist die Zeitungsfrau. »So ein

schöner Schultornister«, sagt sie und drückt Susanne die Zeitung in die Hand. »Hast du auch schon einen, Schnüpperle?«
Schnüpperle schüttelt den Kopf. »Erst wenn meine Oma fertig ist mit Baden«, sagt er.
»Dann kann es ja nicht mehr lange dauern.«
»Dauert's aber noch, leider.«
»Aber Schnüpperle, da wird ja das Badewasser kalt.«
»Überhaupt nicht«, sagt Schnüpperle, »das ist immer ganz warm, jeden Tag.«
»Ach so, deine Oma ist in der Badeanstalt. Dann dauert's aber trotzdem nicht mehr lange, bis sie nach Hause kommt.«
»Dauert's doch, weil sie hier hinten ein Band mit Scheibe hat.«
Schnüpperle zeigt auf seinen Rücken.
»Deshalb wird sie doch auch immer gestrichen, so.« Schnüpperle macht es der Zeitungsfrau vor.
»Ach, deine Oma ist zur Kur«, sagt die Zeitungsfrau, »dann wird sie wohl massiert und muss baden.«
»Und deshalb muss Schnüpperle immer

noch auf seinen Schultornister warten«, sagt Susanne.

»Ja, den kauft nämlich Oma. Bei Susanne war es genauso, aber wenn es noch lange dauert, gibt's womöglich keine mehr und ich werde verrückt.«

Zum Glück kommt Oma vier Tage später. Noch am selben Nachmittag geht sie mit Schnüpperle den Schultornister kaufen. Mutter und Annerose gehen mit.

»Es sind ja noch so viele da«, sagt Schnüpperle, »bloß weiß und gelb nicht, aber das macht nichts.«

Die Verkäuferin nimmt einen roten Tornister vom Ständer und stellt ihn vor

Schnüpperle hin, dann kommt ein blauer dazu, ein rosafarbener und ein grüner.

»Na, mit welchem möchtest du denn am

liebsten in die Schule gehen?« Sie schiebt
die blitzenden Schnallen durch die Ösen
und lässt Schnüpperle in die Schultornister
hineinsehen. »Sehr geräumig sind sie alle.
Der blaue hat das Fenster für den Namen
an der rechten Seite, der grüne hat es auf
der Klappe. Natürlich haben sie alle eine
Extratasche für das Frühstücksbrot.« Sie
zieht den Reißverschluss auf und lässt
Schnüpperle mit den Händen hineinfahren.
»Extratasche«, sagt er leise, »Extratasche, da
kann ich auch Äpfel mitnehmen, nicht
Oma?«
»Natürlich, aber das muss immer alles hier
hinein, damit deine Bücher und deine Hefte
nicht fleckig werden.«
»Oma«, sagt Annerose, »glaub mir,
Schnüpperles Bücher werden trotzdem
Flecke kriegen. Er hat mir ja mein Märchen-
buch auch voller Fettflecke gemacht.«
»Ach du«, ruft Schnüpperle, »es sind bloß
drei, weil ich die Bilder gesucht habe.«
»Und dabei hast du Butterschnitte gegessen
und beim Umblättern hast du immer am
Finger geleckt, so etwas macht man
überhaupt nicht.«

»Jetzt weiß ich's ja«, sagt Schnüpperle,
»und ich werd's schon nicht mehr machen,
Donnerwetter, und mit meinen neuen
Schulbüchern bestimmt nicht.«

»Das Märchenbuch zeigst du mir nachher,
Annerose«, sagt Oma, »und dann reden wir
noch mal drüber. Aber jetzt wollen wir ja
den Tornister kaufen und Schnüpperle soll
sagen, welcher ihm am besten gefällt.«

Schnüpperle geht um die Tornister herum.
Alle sind aufgeklappt. Die Verkäuferin
klappt sie wieder zu, und als Schnüpperles
Augen an dem hellblauen hängen bleiben,
nimmt sie ihn und lässt Schnüpperle zuerst
den rechten und dann den linken Arm
durch die Träger stecken.

»Dort ist ein Spiegel«, sagt sie und geht mit
ihm ein paar Schritte.

Zuerst sieht er sich von vorn an, dann von
der einen und dann von der anderen Seite.
Dann sagt er: »Aber jetzt möchte ich mich
mal mit dem grünen sehen.«

Dann kommt der rosafarbene an die Reihe.
»Ich würde den blauen nehmen«, sagt
Annerose. Und Oma sagt: »Mir gefällst du
mit Blau auch am besten.«

»Na gut, dann nehm ich Blau.«
»Soll es auch noch eine Büchse für das
Frühstücksbrot sein?«, fragt die
Verkäuferin. »Dann kann ja überhaupt
nichts durchfetten.« Und schon legt sie fünf
Schnittenbüchsen auf den Ladentisch.
»Nötig ist es nicht«, sagt Mutter.
»Aber Annerose hat doch auch eine«, sagt
Schnüpperle und sucht sich eine weiße
Büchse für das Frühstücksbrot aus. Die
Verkäuferin steckt sie in die Extratasche,
dann wird der Tornister eingepackt.
»Darf ich ihn Vater zeigen?«, fragt
Schnüpperle, als Oma an der Kasse bezahlt.

»Aber sicher, es sind doch bloß noch ein paar Tage bis zum Schulanfang.«

Abends, als sie Vaters Auto hören, schnallt sich Schnüpperle seinen schönen blauen Schultornister auf den Rücken, und als Vater die Tür aufmacht, geht Schnüpperle immer im Kreis herum.

»Oha«, ruft Vater, »ein Tornister mit Rücklichtern wie bei meinem Auto.«

»Mit Rücklichtern?«, fragt Schnüpperle.

Vater nimmt eine Taschenlampe und strahlt die Schnallen von Schnüpperles Tornister an.

»Wunderbar!«, ruft Oma.

»Genau wie beim Auto!«, ruft Annerose.

»Sehr gut zu sehen«, sagt Mutter.

»Ich möchte auch mal gucken!«, ruft Schnüpperle.

Vater nimmt Schnüpperle den Tornister ab und leuchtet mit der Taschenlampe wieder auf die Schnallen.

»Donnerwetter!«, ruft Schnüpperle.

»Ich hab aber einen dollen Tornister, Donnerwetter! Bloß gut, dass ich so lange gewartet habe.«

6
Aufpassen
und langsam fahren

»Seit du zu uns gekommen bist«, sagt
Schnüpperle zu Oma, »vergeht die Zeit viel
schneller. Kaum bin ich aufgewacht und
hab gefrühstückt – schwupp – ist schon
Vormittag. Dann spielen wir zusammen
›Mühle‹ oder ›Mensch ärgere dich nicht‹
und – schwupp – ist schon Mittag. Nach
dem Mittagessen schläfst du eine kleine
Stunde und – schwupp – ist schon
Nachmittag. Dann gehen wir einkaufen –
schwupp – kommt Vater nach Hause. Nach
dem Abendbrot erzählt ihr euch so schön
von früher und – schwupp – schwupp –
schwupp – müssen wir ins Bett gehen.

Und weißt du, warum die Zeit so schnell vergeht, Oma? Weil du dir immerfort so feine Sachen ausdenkst. Erst hast du mir den Tornister gekauft und dann die neue Hose und den Pullilover.«

»Es heißt Pullunder, Schnüpperle, weil keine Ärmel dran sind.«

»Na gut, Oma. Du kannst dir gar nicht ausdenken, wie ich mich freue. Du bist eine richtige Tausendsassa-Oma.«

»Und weißt du, was wir heute machen?«, fragt Oma. »Heute gehen wir in die Eisdiele. Erstens, weil es so schön warm ist, und zweitens, weil du deinen Schulweg richtig kennen lernen sollst.«

»Ich fahr doch mit dem Bus, Oma.«

»Aber nur am ersten Tag, Schnüpperle. Dein Schulpate kann nicht jeden Tag mit dir gehen und Annerose auch nicht. Deshalb musst du genau wissen, wo du überall aufpassen musst.«

»Aber ich weiß doch schon Bescheid, Oma. Bei Rot muss ich warten, bei Grün kann ich gehen. Das habe ich längst geübt.«

»Glaub ich, Schnüpperle. Aber du musst zweimal über einen Zebrastreifen.«

»Beim Zebrastreifen kann man einfach
losgehen, hat Vater gesagt, da müssen alle
Autos warten.«

Oma nickt. »Das müssen sie. Aber Vorsicht
ist die Mutter der Porzellankiste.«

»Was für eine Mutter, Oma? Von welcher
Kiste?«

»Vorsicht ist die Mutter der Porzellankiste,
habe ich gesagt. Das ist so eine Redensart,
wenn man besonders vorsichtig sein muss.«
Schnüpperle lässt sich von Oma kämmen,
dann gehen sie los.

»Bis zum Bäcker und zum Kaufmannsladen
ist es puppenleicht, da brauchen wir immer
bloß geradeaus zu gehen.«

Dann biegen sie um die Ecke. Sie gehen am
Spielplatz vorbei und haben auch schon die
erste Ampel erreicht.

»Ampel – Pampel«, singt Schnüpperle,
rennt auf die Säule zu und drückt den
gelben Knopf. Dann stemmt er beide Arme
in die Seiten. »Ja, zum Donnerwetter,
warum wird es denn nicht endlich Grün?
Der Opel kommt bestimmt noch vorbei, der
Ford auch noch. Aber der VW, pass auf,
Oma, der muss jetzt anhalten.«

Die Ampel ist auf Grün gesprungen.
Schnüpperle fasst Oma an der Hand und
geht mit ihr über die Straße.
Nicht lange darauf und Schnüpperle kann
schon von großer Weite den ersten
Zebrastreifen erkennen. Am Straßenrand
steht nämlich ein großes, blaues Schild.
Mittendrin geht ein schwarzer Mann über
den Zebrastreifen.
»Weißt du, wer das ist, Oma?« Schnüpperle
kichert. »Das ist Herr Kasseroll. So was sagt
Vater immer, weil Herr Kasseroll so große
Schritte macht. ›Wenn er bloß nicht mal
ausrutscht‹, sagt Vater. Aber das darfst du
Herrn Kasseroll nicht weitersagen, Oma.«
Schnüpperle legt sich den Finger auf den
Mund. »Das musst du mir versprechen.«
Oma nickt. »Und jetzt will ich von dir
wissen, Schnüpperle, wie man es macht,
wenn man über die Straße gehen will.«
»Zuerst muss man nach dieser Seite
gucken.« Schnüpperle hebt den linken Arm
hoch. »Und wenn man bis in die Mitte
gekommen ist, muss man nach dieser Seite
gucken.«
Schnüpperle hebt den rechten Arm in die

Höhe. »Weil die Autos erst so und dann so kommen. Das hat Mutter gesagt.«

»So ist es auch richtig, Schnüpperle. Und das musst du bei jeder Straße so machen, auch wenn Herr Kasseroll nicht auf dem Straßenschild zu sehen ist.«

»Oma, das darfst du doch nicht sagen, du hast es mir doch versprochen.«

Sie gehen weiter. Es dauert nicht lange und sie stehen vor Schnüpperles Schule. An der Straße steht ein dreieckiges Schild mit rotem Rand, darauf laufen zwei Kinder über die Straße.

»Kannst du dir denken, wer das ist, Oma? Und was das Schild heißt?«

»Hmhm«, macht Oma. »Das Schild heißt: ›Aufpassen und langsam fahren, jetzt kommen Annerose und Schnüpperle aus der Schule.‹«

»Donnerwetter, Oma, Vater sagt es ganz genauso.«

Als sie an der Schule vorbeigehen, fragt Oma: »Freust du dich denn, Schnüpperle?«

»Manchmal ja und manchmal überhaupt nicht. Ich möchte doch auch so gerne bei Mutter bleiben. Aber Lesen lernen möchte ich auch und Schreiben und so. Ich will nicht, dass Annerose immer alles kann und ich nicht.«

»Es wird dir schon gefallen, Schnüpperle.«

Sie gehen jetzt weiter bis zur nächsten Ampel, dann bis zum nächsten Zebrastreifen und dann in die Eisdiele.

»Darf ich mir ganz viel Eis bestellen, Oma?«

»Als Belohnung, weil du alles so gut gewusst hast.«

»Dann bestell ich mir gleich einen Berg Spargeletti-Eis mit Schokoladensoße drüber. Das mag ich nämlich am liebsten.«

Oma trinkt einen Eiskaffee und Schnüpperle bekommt sein Spagetti-Eis mit Schokoladensoße. Am Nebentisch sitzen auch eine Oma und ein Junge.

»Gehst du auch bald in die Schule?«, fragt Schnüpperle.

Der Junge nickt.

»Hast du schon einen Schultornister?«

Der Junge nickt wieder.

»Hast du auch schon deinen Schulweg geübt?«

Der Junge schüttelt den Kopf.

»Das musst du aber machen, sonst weißt du
überhaupt nicht, wie du gehen musst, wenn
Herr Kasseroll dasteht. Dort ist es
besonders gefährlich, muss man ganz doll
aufpassen. Weißt du, wie man es machen
muss? Erst so –«
Schnüpperle stellt sich vor den Jungen hin
und hält die linke Hand hoch, »und dann
so!« Schnüpperle hält die rechte Hand hoch
und dreht den Kopf nach rechts. »Das muss
man bei jeder Straße so machen. Und dort
auch, wo ich mit Annerose drüberrenne.
Hast du uns schon mal auf dem Schild
gesehen?«
Der Junge schüttelt den Kopf.

»Du musst ganz genau hingucken, sonst wirst du von einem Auto überfahren.«
Der Junge am Nebentisch leckt seinen Eislöffel ab und tippt sich an die Stirn. »Du bist ja bescheuert.«
Im nächsten Augenblick schreit Schnüpperle: »Und du bist bekloppt. Du wirst es schon sehen, wenn du von einem Auto überfahren wirst, weil du nicht aufgepasst hast. Dann musst du nämlich ins Krankenhaus.«

7
Der erste Schultag

»Susanne hat ihre Schultüte schon
gesehen«, sagt Schnüpperle. Er ist zu Oma
ins Bett gekrochen.
»Wie kommt denn das?«
»Weil sie suchen gegangen ist. Weißt du,
wo die Tüte steckt? Im Kleiderschrank.«
»Aber dann hat Susanne morgen doch
keine richtige Freude mehr.«
»Hat Mutter auch gesagt, Oma. Aber
Susanne hat so gemacht: ›Püüh. Warum
denn nicht, ich weiß doch überhaupt nicht,
was drin ist.‹ – Hast du meine Schultüte
vielleicht schon gesehen, Oma?«
»Ein bisschen.«

»Weißt du, was drin ist, Oma?«

»Auch nur ein bisschen.«

Schnüpperle seufzt.

»Ach, Oma, du kannst dir überhaupt nicht denken, wie's mir im Bauch killert. Es gluckert richtig wie Schluckauf.«

»Wie wäre es denn, Schnüpperle, wenn ich dir eine Geschichte vorlese?«

»Oder ob du mich raten lässt, was für eine Farbe meine Schultüte hat? Du brauchst mir ja nicht zu sagen, ob ich richtig geraten habe.«

»Nein, Schnüpperle, ich erzähl dir lieber, wie ich das erste Mal in die Schule gekommen bin. Ich bin nämlich mit der Kutsche gefahren, zusammen mit meiner Freundin. Zwei Pferde waren davor gespannt.«

»Eins hat dir gehört und eins deiner Freundin, nicht, Oma?«

»Nein, sie haben beide dem Vater meiner Freundin gehört.«

»Und was für eine Farbe hatte deine Schultüte?«

»Ganz bunt und oben war eine goldene Spitzenborte dran.«

»Hat meine Schultüte auch eine goldene Spitzenborte oben dran, Oma?«

»Das wirst du morgen schon sehen.«

»Und was war in deiner Schultüte drin?«

»Alles Mögliche.«

»Ist in meiner Schultüte auch alles Mögliche drin?«

»In jeder Schultüte ist alles Mögliche drin, Schnüpperle.«

»Oma, ich glaube, ich mach heut Nacht kein Auge zu.«

»Was Schnüpperle bloß wieder für einen Quatsch redet.« In der Tür steht Annerose.

»Das ist kein Quatsch, Donnerwetter, das sagt Oma auch manchmal.«

»Bei Oma ist das was ganz anderes. Komm jetzt rüber ins Bett, damit du morgen früh ausgeschlafen bist.«

Am anderen Morgen steht Schnüpperle schon lange vor der Haustür, bevor der Bus mit den Schulpaten kommt.

Nebenan steht Susanne. »Das dauert aber lange«, ruft sie, »die ganze Schule macht mir keinen Spaß, wenn man immer so lange warten muss.«

Dann biegt der Bus um die Ecke, hält an und die Schulpaten springen heraus. Schnüpperle und Susanne rennen los. Vater, Mutter und Oma winken und Schnüpperles Hund steht da und lässt die Ohren hängen.

Im Bus sagt Schnüpperles Schulpate: »Hier hast du deine Karte mit dem Namen drauf.«

»Ich kann doch noch gar nicht lesen.«

»Weiß ich, aber ich habe noch etwas anderes draufgemalt.«

»Eine Schultüte«, ruft Schnüpperle.

»Das ist doch keine Schultüte, das ist eine Eistüte, die liegt auch auf deinem Platz in der Klasse und die musst du suchen.«

»Liegt sie schon lange dort?«

»Seit heute früh.«

»Aber dann ist sie doch schon ganz weich, dann schmeckt sie doch nicht mehr.«

»Das ist doch keine richtige Eistüte, die habe ich bloß aufgemalt, damit du deinen Platz schneller findest.«

Dann sind sie auch schon im Schulhof. Die Paten gehen mit den Schulanfängern durch die große Tür. Dort steht die Lehrerin mit einem grünen Fu.

»Ich freue mich ganz doll, dass ihr endlich gekommen seid«, sagt der grüne Fu.

Danach helfen die Paten zuerst den Schulanfängern ihre Klasse zu finden und dann ihre Plätze. Schnüpperle braucht nicht lange zu suchen und er hat die kleine Karte mit der Eistüte gefunden.

»Die Eistüte auf meinem Platz und die Eistüte auf meiner Karte sind Zwillinge«, ruft er, »deshalb muss ich hier sitzen.«

»So, liebe Schulanfänger«, sagt die Lehrerin, »jetzt habt ihr eure Plätze gefunden und jetzt sage ich euch, wie ich heiße. Wenn ihr etwas von mir wollt, dann ruft ihr: Frau Bornbrügge.«

Bei Schnüpperle am Tisch sitzen Susanne, Anna und Sascha. Sie gucken alle zu Frau Bornbrügge hin. Frau Bornbrügge spricht ihnen einen Vers vor, den sie alle lernen sollen.

»Eins, zwei, drei, vier, fünf, sechs, sieben,
in der Schule wird geschrieben,
in der Schule wird gelacht,
bis die ganze Schule kracht.«

»So«, sagt Frau Bornbrügge, »und jetzt sagen wir es alle.«

Und schon geht es los. »Eins, zwei, drei, vier, fünf, sechs, sieben …«, Schnüpperle guckt immer auf Anna, weil sie den Vers schon kann, »… in der Schule wird geschrieben, in der Schule wird gelacht …«

»Das finde ich richtig blöde«, sagt Susanne, »ich sag das nicht mehr mit. Hör doch auch auf, Schnüpperle.«

Aber Schnüpperle ist schon bei »Schule kracht«. Sie sagen es alle noch einmal.

»Das klappt ja prima«, ruft Frau Bornbrügge, »wir können ja schon etwas anderes lernen. Damit ich euch kennen lerne, gebe ich jetzt jedem einen Bogen Papier. Ihr nehmt aus euren Schulranzen die Wachsmalstifte heraus und malt euren Vater drauf, die Mutter, euch selber und eure Geschwister.«

»Ich habe überhaupt keine Geschwister«, ruft Susanne.

»Dann malst du deine Oma und deinen Opa dazu.«

Schnüpperle weiß nicht, wie er Vater malen soll, braun oder schwarz. Er sieht zu Sascha hinüber. Sascha hat seinen roten Vater

schon fertig und seine rote Mutter zur
Hälfte.

»Rote Leute gibt es überhaupt nicht«, sagt
Schnüpperle.

Sascha stört es nicht. Er malt jetzt auch
noch seine kleine rote Schwester und dann
sich selber.

Schnüpperle guckt zu.

»Warum malst du denn nicht endlich?«,
fragt Susanne.

Schnüpperle fängt an. Er malt eine blaue
Mutter, einen grünen Vater und eine rote
Annerose. Als er zu Sascha hinübersieht,
ist Sascha ganz rot unter der Nase. Nicht
lange darauf hat er einen grünen Bart, weil
er den Garten gemalt hat, in dem sie
wohnen.

»Wir wohnen auch in einem Garten«, sagt
Schnüpperle, »und wir haben einen Igel.«

»Wir auch«, sagt Sascha.

»Und wir haben ganz viele bunte
Schmetterlinge.«

»Wir auch.«

Jetzt malt Schnüpperle ein kleines,
schwarzes Loch.

»Was ist denn das?«, fragt Sascha.

»Das ist ein Mäuseloch, das habt ihr nicht
im Garten, bloß wir.«
Nach dem Malen lernen alle noch das
schöne Lied: »Mein Hut, der hat drei Ecken,
drei Ecken hat mein Hut...« Sie sitzen im
Kreis, tippen auf sich selber und auf den
Kopf, sie zeigen mit den Fingern die drei
Ecken und auf einmal ist die Schule aus. Sie
nehmen ihre Jacken und ihre Tornister und
gehen aus der Klasse.
Draußen warten Mütter und Väter, Omas
und Opas mit den Schultüten.
»Mutter, Mutter!«, ruft Schnüpperle. Im
nächsten Augenblick drückt ihm Mutter
eine glänzende rote Schultüte in den Arm,
sie hat oben herum eine Goldborte. Im
Auto bringt Vater alle nach Hause.

Als sie aussteigen, kommt Annelie mit zwei kleinen Schultüten angerannt.

»Eine ist für Susanne«, ruft sie, »und eine für dich, Schnüpperle.«

In diesem Augenblick rast Schnüpperles Hund die Treppe herunter. Er überkugelt sich fast, dann springt er an Schnüpperle hoch.

»Ich geb dir was ab«, ruft Schnüpperle, »ganz viel, da kannst du dich drauf verlassen.«

8
Bastian
sagt schlechte Worte

Schnüpperle kommt aus der Schule und Annelie wartet schon auf ihn. Schnüpperle rennt, als er sie von weitem sieht.

»Hast du viel Schularbeiten auf?«, fragt Annelie.

»Es geht, wir müssen Kreise ausmalen.«

»Mit welcher Farbe denn?«

»Egal. Jeder kann es machen, wie er will.«

»Und was hast du heute alles gemacht?«

»Alles Mögliche. Im Kreis gesessen und das Lied vom Hut gesungen. Dann hat Frau Borndrügge alle Namen an die Tafel geschrieben und wir haben unseren Namen suchen müssen.«

»Aber du kannst doch noch gar nicht lesen, Schnüpperle.«

»Nein, aber wir können doch auf die kleinen Karten gucken, wo unsere Namen draufstehen.«

In diesem Augenblick biegt Susanne in den Weg ein. »Ich habe meinen Namen viel schneller gefunden als Schnüpperle.«

»Stimmt überhaupt nicht, beide gleich. Und am schnellsten hat ihn Anna gefunden.«

»Ach, die«, sagt Susanne, »die weiß immer alles gleich, weil sie eine große Schwester hat. Und jetzt habe ich Hunger.« Susanne geht nach Hause.

»Wie heißen denn die anderen Kinder aus deiner Klasse?«, fragt Annelie.

»Von allen weiß ich es noch nicht, bloß von manchen. Einer heißt Hans-Heinrich. Der ist immer ganz aufgeregt, wenn ihn Frau Dorndrügge was fragt. Weißt du, was er gesagt hat, als er seinen Namen an der Tafel gefunden hat? ›Da-das ist mein-mein Name, Ha-Hans-Hei-Heinrich.‹ Frau Dorndrügge sagt, das kommt bloß davon, weil er sich keine Zeit nimmt, und es wird sich schon geben.

Und einer ist dabei, der heißt Bastian, und weißt du, wie der aussieht? So.«
Schnüpperle zeigt Annelie einen kugelrunden Kopf und zwei abstehende Ohren. »Er ist ganz frech und sagt schlimme Worte. Soll ich dir mal eins sagen?«
Annelie nickt.
»Immer, wenn ihm was nicht passt, sagt er: ›Du blöder Stinksack.‹«
»Hat Frau Bornbrügge das auch schon gehört?«
»Weiß ich nicht. Aber sie hat schon gesehen, wie er den kleinen Sascha geboxt hat. Da ist sie richtig böse geworden. Und mein Schulkönig hat gesagt: ›Dieser Henkelpott mit seinen Segelohren. Wenn er das mal mit dir versucht, dann kann er aber was erleben.‹«
»Bloß gut, dass du deinen Schulkönig hast«, sagt Annelie.
Am anderen Tag kommt Schnüpperle aus der Schule nach Hause gerannt.
»Mutter«, ruft er schon auf der Treppe, »Mutter, ich habe ja sooo einen Hunger.«
»Aber du hast doch ein ordentliches Frühstücksbrot mitgehabt.«

»Moment«, sagt Schnüpperle und lässt seinen Tornister fallen. »Zuerst hab ich die Kakaotüte leer getrunken, dann hab ich mein Brot aus der Tasche geholt und bin auf den Schulhof gerannt. Und weil bloß zwei auf dem Karussell waren – du weißt schon, Mutter, was sich so schnell dreht, wenn man hippelt –, bin ich ruck-zuck draufgesprungen.«

»Und dabei ist dir das Brot aus der Hand gefallen.«

»Nein, Mutter, das hab ich richtig fest gehalten. Aber auf einmal ist der Henkelpott gekommen und hat mich einfach vom Karussell runtergestoßen. ›Jetzt bin ich dran‹, hat er geschrien und ich bin in den Dreck geflogen. Meine Schnitte hab ich zuerst überhaupt nicht wieder gefunden, und dann war sie ganz voll Sand, da konnte ich sie überhaupt nicht essen und meine Hände waren ganz dreckig, musste ich gleich waschen gehen.

Und auf einmal ist mein Schulkönig gekommen und hat gesagt: ›Mein lieber Henkelpott, mach das nicht noch einmal. Sonst kriegst du von mir Dresche nach dem

Regal der Kunst.‹ Aber der Henkelpott ist wieder frech geworden und hat gesagt: ›Du blöder Stinksack.‹ Und gerade als mein Schulkönig ihn verhauen wollte, ist leider Frau Dornbrügge gekommen, weil die Pause zu Ende war.

Aber der Schulkönig hat gesagt: ›Aufgeschoben ist nicht aufgehoben, der kriegt seine Abreibung noch.‹

Mutter, mit was will er ihn denn abreiben? Mit Sand, weil er mich in den Dreck geschubst hat, oder mit Seife, damit er sie in die Augen kriegt?«

»Eine Abreibung ist eine ordentliche Tracht Prügel«, sagt Mutter.

»O ja«, ruft Schnüpperle, »da werde ich ihn aber anfeuern.«

»Ich weiß nicht, das sollte dein Schulpate nicht tun. Du solltest dir selber diese Frechheiten nicht gefallen lassen. Wie heißt denn dieser Henkelpott richtig?«

»Bastian, Mutter, aber was soll ich denn machen? Soll ich ihn auch vom Karussell runterschubsen?«

»Entweder runterschubsen oder tüchtig verhauen«, sagt Mutter, »damit er merkt,

dass du genauso stark bist wie er. Wenn du
dich nur auf deinen Schulpaten verlässt,
wird der Bastian immer frecher werden.«
»Na gut«, sagt Schnüpperle, »dann esse ich
jetzt immer zuerst meine Schnitte und
dann gehe ich auf das Karussell und dann
kann er etwas erleben.«
Am Tag darauf kommt Schnüpperle mit
einem zugepflasterten Knie nach Hause.

»Ihr habt euch doch nicht etwa geprügelt?«, ruft Mutter.

»Und wie! Aber der Henkelpott hat auf beiden Knien ein Pflaster und ein Zahn ist auch raus, mit ganz viel Blut. War aber schon locker. Und alle haben drumrum gestanden und zugeguckt. Aber den Zahn hat er nicht wieder gefunden, Mutter. Und Frau Dorndrügge hat gesagt: ›So, jetzt seid ihr quitt.‹ Was ist denn das, Mutter?«

»Das ist so, Schnüpperle: Einmal hast du verloren und einmal er, jetzt steht ihr gleich und jetzt wird er schon wissen, was los ist.«

Schnüpperle denkt einen Augenblick nach, dann sagt er: »Mit Susanne spiele ich nicht mehr.«

»Warum denn nicht?«

»Weil Susanne auch dabei war, aber sie hat mich überhaupt nicht angefeuert, sie hat bloß gelacht.«

9
Himpelchen und Pimpelchen

»Annelie! Annelie, warte doch, Annelie!«
Schnüpperle kommt aus der Schule und
Annelie kommt vom Einkaufen.
Schnüpperle hat sich den Schulranzen
vor den Bauch aufgeschnallt. Er kann
kaum darüber weggucken. Annelie lacht,
als Schnüpperle herankeucht.
»Ich hab dir was mitgebracht, Annelie, ganz
viel und was ganz Feines.«
»Was denn, Schnüpperle?«
Schnüpperle ruckt und schüttelt so lange
mit den Schultern, bis der Ranzen
herunterfällt. »Werden wir gleich haben«,
sagt er und zerrt die Schnallen auf. Dann

legt er die Fibel auf den Bürgersteig, das Rechenbuch und die Buntstifte.

»Das sind die Filzer und das sind die Wachser«, sagt er.

Dann kommen zwei Hefte dran, jetzt noch eins, und auf einmal sagt ein Mann: »Junge, warum wirfst du denn deine guten Schulsachen auf die Straße? So etwas macht man doch nicht.«

»Ich werfe sie doch nicht auf die Straße, ich lege alles auf den Bürgersteig.«

»Wennschon«, sagt der Mann, »aber der Bürgersteig ist doch schmutzig und vorbeigehen kann auch niemand.«

»Wenn man ein bisschen an der Seite geht, schon«, sagt Schnüpperle. In diesem Augenblick findet Schnüpperle, was er gesucht hat. Er bringt aus seinem Schultornister einen Hut hervor, aus Zeitungspapier.

»Das ist der Hut, der drei Ecken hat«, sagt er, »den habe ich für Annelie gemacht. Weil ich meinen so schnell fertig hatte, durfte ich gleich noch einen falten, und dann noch einen für Annelies Brüderchen. Und Frau Borndrügge hat gesagt: ›Du bist ja super.‹

Weißt du, warum wir uns solche Hüte
gemacht haben? Wegen dem Lied vom Hut,
der drei Ecken hat. Kennst du das auch?«
»Jaja«, sagt der Mann, »das olle Ding kenn
ich.«
»Hast du dir auch mal so einen Hut
gefaltet?«
»Nee, wüsst ich nicht.«
»Willst du ihn mal aufprobieren?«
»Das fehlte mir noch«, sagt der Mann.
»Glaub ich«, sagt Schnüpperle, »wir haben
nämlich ganz doll gelacht, als wir alle die
Hüte aufgesetzt haben.«
Schnüpperle setzt sich seinen Papierhut auf
und drückt Annelie den anderen auf den
Kopf. »So, und weißt du, was wir dann
gemacht haben? Polinäse.«
Inzwischen haben sich noch mehr Leute
versammelt.
»Weißt du, was Polinäse ist? Soll ich's dir
mal zeigen?«
Zwei Frauen fangen furchtbar an zu lachen
und der Mann sagt: »Das heißt doch
Polonäse, Junge.«
Auf einmal sagt jemand: »Hier muss aber
endlich mal Platz gemacht werden.« Es ist

der Briefträger mit seiner zweirädrigen Postkarre. »Schnüpperle, pack dein Schulzeug ein.«

»Schade, wir hätten so gut Polinäse machen können, die ganze Straße rauf und runter.«

»Hast du noch mehr mitgebracht?«, fragt Annelie, als sie weitergehen.

»Ja, und wenn du willst, können wir zusammen Schularbeiten machen.«

»Bei uns?«, fragt Annelie.

»Meinetwegen. Ich bring auch meine Wachser mit und zeig dir den Pfötchengriff.«

»Ist das schwer, Schnüpperle?«

»Nö, man muss den kleinen dicken Wachsstift bloß ganz weit vorn anfassen. Ich zeig's dir genau.«

Gleich nach dem Mittagessen klingelt Schnüpperle an der Haustür. Er hat eine Mappe unter dem Arm und die Wachsmalstifte in der Hand.

»Schön leise sein«, sagt Annelies Mama, »das Buberl schläft noch nebenan.«

Auf dem Tisch breitet Schnüpperle zwei große, weiße Papierbogen aus, auf denen spitze Berge aufgemalt sind. Auf den

höchsten Bergspitzen sitzen zwei kleine
Männlein.
»Annelie, das sind Himpelchen und
Pimpelchen«, sagt Schnüpperle.
Annelie fängt an zu lachen. »Das ist aber
komisch.«
»Bevor wir Schularbeiten machen, musst
du das Gedicht lernen«, sagt Schnüpperle.
»Ich sag's vor: Himpelchen und Pimpelchen
gingen auf einen Berg, Himpelchen war ein
Heinzelmann, Pimpelchen war ein Zwerg.«
Bei Himpelchen zeigt Schnüpperle auf den
einen Berg, bei Pimpelchen auf den
anderen. Dann faltet Schnüpperle die
Hände und sagt: »Sie blieben lange da oben

sitzen und wackelten mit den Zipfelmützen.« Schnüpperle wackelt mit seinen Daumen. »Doch nach sieben langen Wochen, sind sie in den Berg gekrochen.« Schnüpperle versteckt seine Daumen unter den Fingern. »Schlafen dort in guter Ruh, seid schön still und hört schön zu.« Und jetzt schnarcht Schnüpperle, so laut er kann.

»Schnüpperle«, ruft Annelie, »ist das aber schön. Das musst du gleich noch mal sagen, damit ich's schnell lerne.«

Schnüpperle fängt wieder damit an. Beim dritten Mal kann sie es schon mitsagen und dann sagt sie es allein.

Jetzt erzählt Schnüpperle, was er als Schularbeit aufhat. Er packt seine Wachsstifte aus und zeigt Annelie den Pfötchengriff.

»Die erste Reihe unter den großen Bergen, wo Himpelchen und Pimpelchen wohnen, die ist noch vorgemalt. Die können wir rot, blau, gelb und grün nachmalen, so viel wir wollen. Aber in der Reihe drunter sind keine Berge mehr vorgezeichnet, die müssen wir alleine malen, ganz alleine.

Wenn wir eine Reihe fertig bringen, ist es gut, hat Frau Dorndrügge gesagt. Wenn wir die zweite Reihe drunter auch malen, dann sind wir sehr tüchtig. Und wenn wir sogar noch die dritte Reihe fertig bringen, sind wir besonders fleißig.«

Annelie sieht Schnüpperle an. »Wie viel willst du denn malen?«

»Zwei Reihen bestimmt.«

»Und wenn du drei fertig kriegst?«

»Ich glaube, dann wird sich Frau Dornbrügge bestimmt sehr freuen.«

»Dann malen wir drei«, sagt Annelie.

»Welche Farbe nimmst du denn, Schnüpperle?«

»Einen Augenblick – ich nehme Braun.«

»Gut«, sagt Annelie, »dann nehm ich Blau.«

Immer wenn sich ihre Hände ausruhen müssen von den vielen gemalten Schwüngen, sagt Annelie: »Himpelchen und Pimpelchen gingen auf einen Berg… Ach, Schnüpperle, frag doch mal Frau Bornbrügge, ob ich nicht auch schon mit in die Schule kommen kann.«

10
Schnüpperles
liebstes Spielzeug

»Na, Schnüpperle, wie gefällt es dir denn in
der Schule?«, fragt die Zeitungsfrau.
»Es geht.«
»Das hört sich ja nicht gerade begeistert an.
Warum gefällt es dir denn nicht?«
»Weil ich jeden Tag hingehen muss, jeden.
Manchmal möchte ich viel lieber zu Hause
bleiben. Aber morgen wird es fein. Weißt
du, warum? Weil wir alle unser liebstes
Spielzeug mitbringen dürfen.«
»Soso«, sagt die Zeitungsfrau, »was
wirst du denn für ein Spielzeug
mitnehmen, Schnüpperle?«
»Weiß ich noch nicht genau, weil ich so viel

liebstes Spielzeug habe. Aber ein bisschen
weiß ich es schon.«
Die Zeitungsfrau sieht ihn an.
»Kann ich dir leider nicht sagen, weil du es
womöglich Susanne weitererzählst und
dann macht sie es genau wie ich.«
»Gut«, sagt die Zeitungsfrau, »wart ich
morgen ab, dann kannst du es mir ja
sagen.«
Schnüpperle rennt die Treppe hinauf und
drückt den Klingelknopf. Mutter macht auf
und rennt gleich wieder in die Küche
zurück, wegen der Schokoladensoße auf
dem Herd. Erst guckt Schnüpperle in den
Topf und dann auf die Kompottschalen,
in denen für jeden zwei Birnenhälften
liegen.
»Oh, heut gibt's fromme Helene.«
»Du lernst das auch nie«, ruft Annerose,
»es heißt Birne Helene.«
»Ist doch egal, Donnerwetter«, sagt
Schnüpperle. Dann erzählt er Mutter und
Annerose, was er schon der Zeitungsfrau
erzählt hat.
»Und was willst du mitnehmen?«, fragt
Annerose.

»Zuerst wollt ich den Bauernhof
mitnehmen, dann meinen Dickie, aber
schön angezogen natürlich.«

»Mit den Sachen von meinen Puppen, das
könnte dir so passen.«

»Ich nehm ihn ja gar nicht mit«, sagt
Schnüpperle, »ich hab was viel Besseres. Ich
nehm Purzel mit in die Schule, so, das ist
nämlich mein liebstes Spielzeug.«

Mutter nimmt den Topf vom Feuer.

»Schnüpperle, das wird nicht gehen, das
gibt zu viel Unruhe.«

»Purzel kann doch nicht so lange still
sitzen«, sagt Annerose.

»Mir egal, ich nehm ihn mit, und dass du es
nicht Susanne sagst, Annerose, sonst
nimmt sie ihren Knirpsi auch mit.«

Es geht den ganzen Nachmittag hin und
her. Dann kommt Vater nach Hause und ist
auf Schnüpperles Seite.

»Nimm ihn ruhig mit«, sagt Vater.

Schnüpperle sieht nicht, wie er Mutter
zuzwinkert, und Schnüpperle sieht auch
nicht, dass Mutter am anderen Morgen
hinter ihm hergeht, kurz nachdem er in die
Schule gegangen ist. Er hat seinen Hund

gekämmt und gebürstet und ihm das
Sonntagshalsband umgebunden.

Auf dem Schulweg rennen immer mehr
Kinder hinter Schnüpperle und Purzel her.
Frau Bornbrügge erschrickt, als sie den Zug
kommen sieht.

»Was hast du bloß für einen schönen
Hund«, sagt sie.

»Früher mal zu Weihnachten gekriegt. Er
ist auch ganz brav. Mach schön Platz,
Purzel, und gib Pfote.« Purzel setzt sich
und hält Frau Bornbrügge eine Pfote hin.

»Guten Morgen«, sagt Frau Bornbrügge,
»willkommen in der Schule.«

In der Klasse will niemand auf seinen Platz
gehen, alle wollen Purzel streicheln, allen
soll er die Pfote geben.

»So, jetzt setzt sich jeder hin«, sagt Frau
Bornbrügge, »und ich seh mir an, was die
anderen als liebstes Spielzeug mitgebracht
haben.«

Susanne hat ihre große Puppe mitgebracht,
Sascha ein rotes Feuerwehrauto, Bastian
eine Eisenbahn, Hans-Heinrich einen
Trecker. Und dann sehen alle, dass Nadine
weint.

»Niemand guckt auf mein liebstes
Spielzeug«, schluchzt sie. Alle Kinder
drehen sich um. Vor Nadine auf dem Tisch
sitzt eine kleine weiße Maus.
»Ach – oh – ist die aber niedlich!«
In diesem Augenblick fängt Purzel zu
bellen an. Die Maus springt vom Tisch,
witscht durch die Klasse und Purzel rast
hinter ihr her. Er reißt Stühle um,
verheddert sich mit der Leine an einem
Tischbein, fährt wie ein Wilder unter die
Bank in der Spielecke und bellt.
Nadine schreit: »Meine Maus, meine liebe
kleine Maus!«

Endlich erwischt Schnüpperle die Leine, aber Purzel zerrt so sehr, dass Schnüpperle hinfällt, er lässt die Leine wieder los. Die Mädchen zittern mit Nadine um die Maus. Die Jungen feuern Purzel an. Manchmal ist die weiße Maus einen Augenblick zu sehen, dann ist sie wieder verschwunden. »Purzel, hierher!«, ruft Schnüpperle. Purzel hört nicht drauf.

Auf einmal sehen alle, wie die Maus in der Spielecke an dem großen Turm aus Bauklötzen hinaufklettert. Im nächsten Augenblick kracht und poltert es. Purzel ist gegen den Turm gesprungen. Der Turm stürzt zusammen, die Maus ist weg und Purzel scharrt, dass die Bauklötze nur so um ihn herumfliegen.

Auf einmal steht Mutter in der Klasse. Sie bahnt sich einen Weg und packt Purzel am Halsband.

»Das war Rettung in höchster Not«, sagt Frau Bornbrügge.

Und Mutter sagt: »Der Hund ist aber wirklich Schnüpperles liebstes Spielzeug.« Sie geht mit Purzel aus der Klasse, alle hören ihn noch lange draußen bellen.

»Mir war der Hund viel lieber als diese
blöde Maus«, sagt Bastian.

»Die müssen wir jetzt finden«, sagt Frau
Bornbrügge. Sie räumen die Bauklötze
beiseite, nichts. Sie suchen in den Ecken,
unter den Tischen, Schränken und Regalen,
nichts.

Nadine weint immer lauter, aber das hilft
auch nicht. Sie sehen in die Schultornister,
nichts.

»Jetzt setzen wir uns alle zusammen in
einen Kreis und singen das schöne Lied: ›In
Großvaters Haus, da tanzt eine Maus, da
jagt sie die Katze zur Stube hinaus.‹«

Alle Kinder nehmen ihre Stühle, setzen
sich und fangen an zu singen. Die erste
Strophe, die zweite Strophe. Plötzlich fängt
Schnüpperle an, sich an seinem Bein zu
kratzen.

»Mich killert hier was«, sagt er mitten in
die dritte Strophe hinein.

»Bestimmt ein Floh von deinem Hund«,
sagt Bastian.

»Unser Hund hat überhaupt keine Flöhe,
Donnerwetter.«

Schnüpperle krempelt sein Hosenbein

hoch. Auf einmal springt die Maus auf die Erde. Nadine greift nach ihr und drückt sie an sich.

»Jetzt ist der alte böse Hund fort, der böse. Jetzt kann er dir nichts mehr tun, der alte böse Hund.«

»Purzel ist überhaupt kein alter böser Hund, verstanden? Und wenn du nicht gleich ruhig bist, dann hole ich ihn wieder.« Als Schnüpperle nach Hause kommt, drückt er Purzel fest an sich.

»Hast du gut gemacht, hast du sehr gut gemacht, und weißt du, warum? Weil Nadine gesagt hat, du bist ein alter böser Hund.«

11
Hasen, die Eier legen

Mutter guckt alle Augenblicke auf die Uhr und dann aus dem Fenster. Schnüpperle müsste längst aus der Schule zurück sein. Eine Viertelstunde vergeht, eine halbe Stunde. Mutter wird unruhig. Sie zieht sich eine Jacke über und geht los.

Unterwegs kommt ihr Annerose entgegen.
»Hast du Schnüpperle nicht gesehen?«
Annerose schüttelt den Kopf. Kurz darauf treffen sie Schnüpperles Schulpaten. Er hat Schnüpperle auch nicht gesehen.
»Die haben doch schon längst aus«, sagt er.
»Um Himmels willen, wo kann denn Schnüpperle sein?«

Mutter geht mit Annerose in die Schule und fragt Frau Bornbrügge, ob Schnüpperle rechtzeitig aus der Schule gekommen ist.

»Wie alle anderen auch«, sagt Frau Bornbrügge.

»Er ist noch nicht heimgekommen, ich mach mir Sorgen«, sagt Mutter.

»So etwas kommt in der ersten Zeit öfter mal vor«, sagt Frau Bornbrügge, »ich denke, er wird inzwischen schon zu Hause sein.« Mutter macht sich mit Annerose wieder auf den Heimweg. Mutter sagt kein Wort mehr und Annerose auch nicht.

Zu Hause deckt Annerose den Tisch und Mutter trägt das Essen auf, aber sie bringen beide keinen Bissen herunter. Entweder steht Annerose am Fenster oder Mutter. Annerose fängt an zu weinen.

»Das ist ja noch schlimmer als damals, Mutter, als Schnüpperle ins Krankenhaus gekommen ist. Mutter, du musst jetzt mit Vater telefonieren, ich habe richtig Bauchschmerzen vor Angst.«

Mutter geht ans Telefon. Sie wählt, verwählt sich, auf einmal klingelt es. Purzel bellt wie verrückt, und als Annerose die Tür aufreißt, steht Schnüpperle davor.

»Schnüpperle! Schnüpperle, wo kommst du denn her? Schnüpperle, wir haben ja solche Angst um dich gehabt.«

»Warum? Ich bin doch bloß bei Martin gewesen.«

»Aber Schnüpperle, das kannst du doch nicht einfach machen«, ruft Mutter, »ich warte seit anderthalb Stunden auf dich. Wir ängstigen uns doch um dich, wenn du nicht rechtzeitig zu Hause bist.«

»Habe ich überhaupt nicht dran gedacht, Mutter, weil ich mich nämlich mit Martin gezankt habe – zuerst.«

Mutter sieht Schnüpperle an.

»Wir haben nämlich im Mathebuch lauter bunte Punkte in die Ostereier malen müssen und da hab ich Martin vom Osterhasen erzählt. Und Martin hat gesagt: ›Bei dir piept's ja.‹ Da habe ich ihn in die Seite gestoßen und gesagt: ›Bei mir piept's nicht, weil ich den Osterhasen selber im Garten gesehen habe.‹

Und da hat der Martin gesagt, daß ich spinne, und wenn ich mal einen richtigen

Hasen sehen will, soll ich mit ihm nach
Hause kommen, sie haben ganz viele. Aber
ich habe gesagt, er ist ein großer Angeber.
Die Osterhasen wohnen im Wald und
kommen bloß zu Ostern raus, wenn sie die
Eier bringen.
Da hat der Martin gesagt: ›Du lebst ja auf
dem Mond. Hasen, die Eier legen, gibt es
überhaupt nicht, hahaha. Du kannst dir ja
mal bei uns die kleinen schwarzen Kötel
ansehen, die sie legen.‹«

»So ein Ferkel«, ruft Annerose.

»Das habe ich auch zu ihm gesagt.«

»Und dann bist du doch mit ihm nach
Hause gegangen?«

Schnüpperle nickt. »Bei Martins Opa im
Hof gibt es ganz viele kleine Ställe und in
jedem Stall lebt eine Hasenfrau.«

»Das sind überhaupt keine Hasen«, ruft
Annerose, »das sind Karnickel.«

»Nein, das sind Weiße Riesen und Graue
Widder und weiße Angorakaninchen und –
die anderen Namen habe ich vergessen,
weil es so viele waren. Manche haben ganz
lange Ohren und manche nicht und manche
haben rote Augen.

Martins Kaninchen heißt Petronella und
sieht genauso aus wie der Osterhase, der bei
uns durch den Garten gesprungen ist.
Martin hat die Stalltür aufgemacht und
Petronella herausgenommen. Ich hab sie
auf dem Arm gehabt und Petronella hat
sich von mir streicheln lassen.

Dann hat Martin in den Stall gezeigt und
gesagt: ›Na, siehst du Ostereier?‹«

»Jetzt hör bloß mit den Köteln auf, davon
hab ich genug«, ruft Annerose.

»Aber ich hab doch nichts anderes gesehen, Donnerwetter.«

»Konntest du ja auch nicht. Es war ja nicht der Osterhase, es war Martins Petronella. Meinst du vielleicht, der Osterhase lebt in einem Stall?«

»Das hab ich zu Martin auch gesagt.« Schnüpperle sieht Mutter an. »Was sagst du denn dazu, Mutter?«

»Ich sag dazu, dass die richtigen Hasen draußen im Wald und im Feld leben und außerdem sage ich, dass du jeden Tag pünktlich aus der Schule nach Hause kommen sollst.«

»Ehrenwort, Mutter«, ruft Schnüpperle, »großes Ehrenwort!«

12
Wer ist Puti?

Schnüpperle ist auf dem Heimweg. Er hat
jetzt erst Zeit für seinen Frühstücksapfel.
»Schmeckt sehr gut«, sagt er vor sich hin.
Er geht immer mit einem Fuß auf der
Bordsteinkante und mit dem anderen auf
der Straße. Schnüpperle pfeift. Das kann er
seit der großen Pause. Er hat es von Sascha
und Bastian gelernt.
Plötzlich sagt jemand hinter ihm:
»Schnüpperle, du hast ja nur einen Schuh
an.«
Er dreht sich um. »Ja«, sagt er zu Frau
Kasseroll, »ich hab heute Pech gehabt,
Schuhband gerissen.«

»Das kann man doch aber wieder zusammenknoten.«

»Hat Frau Borndrügge auch gemacht, aber der Knoten ist wieder aufgegangen.«

»Deshalb hättest du doch wenigstens deinen Schuh anbehalten können.«

»Leider nicht. Wir haben nämlich Wettrennen gemacht und Sascha hat gewonnen, dabei ist er viel kleiner als ich, aber ich bin zweimal hingefallen, wegen dem blöden Schuh. Da habe ich ihn genommen und vor Wut in die Hecke geschmissen.«

»Aber, Schnüpperle, was wird denn deine Mutter sagen, wenn du auf Strümpfen nach Hause kommst?«

»Bloß auf einem«, sagt Schnüpperle, »den anderen Schuh hab ich ja an.«

»Der nützt dir doch nichts mehr, wenn der zweite weg ist.«

»Meinst du, ich soll den auch noch wegschmeißen?«

»Natürlich nicht, du musst den anderen Schuh suchen gehen.«

»Hmhm, aber erst geh ich mal nach Hause, ich hab nämlich Hunger.«

»Und warum hast du die Schuhe überhaupt erst ausgezogen?«

»Weil ich in die Spielecke gehen durfte.«

»In eine Spielecke?«, fragt Frau Kasseroll.

»Ich denke, du bist in der Schule.«

»Bin ich auch. Aber wir haben in unserer Klasse zwei Spielecken, und wenn einer mit Malen oder Schwung machen schon fertig ist und die anderen noch nicht, dann darf er in die Spielecke gehen, immer ohne Schuhe, nur auf Strümpfen, damit die Spielecke schön sauber bleibt.«

»Ach, so ist das«, sagt Frau Kasseroll.

»Und was habt ihr zum Spielen in eurer Ecke?«

»Bauklötzer und eine Burg, einen Tisch und lauter Puzzles, und in der kleinen Spielecke stehen drei Telefone.«

»Telefone?«, fragt Frau Kasseroll.

Schnüpperle nickt. »Kann man richtig die Scheibe drehen und es klingelt.«

»Und mit wem kann man sprechen?«

»Mit wem man will. Ich telefoniere mit Mutter und frag sie, was es zu Mittag gibt. Oder mit Annelie und frag sie, ob ich heute wieder Schularbeiten mit ihr machen soll.

Und mit dir habe ich auch schon viel
telefoniert.«
Frau Kasseroll sieht Schnüpperle an. »Was
hast du denn von mir wissen wollen?«
»Erst habe ich gefragt, wie es deinem Mann
geht, da hast du gesagt: ›Danke, gut.‹ Dann
habe ich gefragt, ob ich dir mal meine
Schularbeiten zeigen soll, da hast du gesagt:
›Gerne.‹ Und dann hast du gesagt: ›Wenn
du ganz fleißig gewesen bist, Schnüpperle,
bekommst du auch eine Belohnung.‹«
»Und warum hast du mir die Schularbeiten
nicht gezeigt?«
»Leider vergessen.«
»Und heute hast du in die Spielecke gehen
dürfen, weil du schon mit allem fertig
gewesen bist, vor den anderen?«
Schnüpperle nickt. »Erst haben wir aus
Knete lauter Fus machen müssen. Ich habe
rote genommen und eine dünne Wurst
genudelt. Dann habe ich ein langes Stück
abgerissen, dann ein mittleres und dann ein
kurzes, so!« Schnüpperle zeigt es Frau
Kasseroll mit den Fingern in der Luft.
»Siehst du das F? Dann habe ich wieder
eine lange Wurst genudelt und so ein Ding

draus gemacht.« Schnüpperle fährt wieder
mit den Fingern durch die Luft. »Weißt du,
was das heißt?«

»Fu«, sagt Frau Kasseroll.

»Dann hat Frau Bornbrügge gesagt, wir
sollen den ersten Buchstaben von unserem
Namen machen. Da habe ich Grün
genommen und so ein Ding auf den Tisch
gelegt.«

»Ein Es«, sagt Frau Kasseroll.

»Nahein«, ruft Schnüpperle. »Ein S. Dann
hat uns Frau Borndrügge eine niedliche
Ente gezeigt. Die heißt Puti. Und sie hat
uns ein Papier auf den Tisch gelegt, da

stand drauf: ›Fu und Puti.‹ Und drunter
stand: ›Fu ruft Puti, Puti ruft Fu.‹ Dann hat
Frau Dornbrügge gesagt, wir sollen alle u
mit Rot einkreisen, richtig schön dick. Das
habe ich mit dem Filzstift gemacht. Dann
kam ein großer Strich auf dem Papier und
drunter hat gestanden: ›Ist Puti ein‹ – da
war ein Frosch aufgemalt; ›ist Puti ein‹ – da
war ein Igel aufgemalt; ›ist Puti ein‹ – da
war ein Esel aufgemalt; und dann hat
dagestanden: ›Puti ist eine‹«
»Ente«, ruft Frau Kasseroll.
»Richtig. Wir haben wieder überall einen
Kreis machen müssen, wo ein u
dagestanden hat, und dann haben wir
den Frosch ausgemalt, den Igel und den
Esel.«
»Und dabei bist du zuerst fertig gewesen?«
»Zuallererst war Anna fertig«, sagt
Schnüpperle, »aber dann ich.«
»Und wie war es mit Susanne?«
»Susanne guckt immer ab, weil sie nicht
drauf hört, wenn Frau Dornbrügge was
sagt. Sie quatscht immer und dann weiß sie
nicht, was wir machen sollen. Und weißt
du, was wir da gemacht haben? Wir haben

alle ein Buch aufgestellt, da konnte Susanne nicht mehr abgucken.«

»Das finde ich eigentlich nicht nett von euch«, sagt Frau Kasseroll.

»Susanne lässt ja auch nicht abgucken und sie hat angefangen zu heulen. Da habe ich mein Buch zugeklappt, als ich fertig war mit Ausmalen, und hab zu Susanne gesagt: ›Hier, ich darf ja schon spielen gehen.‹«

»Das finde ich nun wieder nett von dir, Schnüpperle.«

»Soll ich dir heute Nachmittag mal zeigen, was ich alles in der Schule gemacht habe?«

»Wenn du es nur nicht wieder vergisst, Schnüpperle.«

»Nahein«, sagt Schnüpperle, »heute bestimmt nicht.«

13
Einmal durch die
große Brille gucken

Schnüpperle macht Schularbeiten. Nebenan
hört er Annerose seufzen und vor sich hin
reden.

»Ruhe, ich kann überhaupt nicht schreiben.«

»Kannst ja die Tür zumachen.«

»Denk nicht dran, hab viel zu tun.«

»Ach, du mit deinem Tuti und Puti.«

»Annerose, sei nicht frech, sonst kannst du
was erleben.«

Eine Weile ist es still. Auf einmal hört es
sich an, als ob Annerose weint. Schnüpperle
will wissen, was los ist.

Nebenan sitzt Annerose mit ihrem weißen
Strickzeug und schluchzt.

»Was hast du denn gemacht?«
»Ich hab schon wieder eine Masche fallen
lassen. Ganz tief runter. Genau wie heute in
der Schule. Bis in den Keller, hat Frau
Buschmann gesagt.«
»Das geht ja gar nicht«, sagt Schnüpperle,
»ist ja der Faden viel zu kurz.«
Annerose putzt sich die Nase. »Das hat
Frau Buschmann doch bloß gesagt, weil die
Masche gar so tief runtergefallen ist.«
»Hat sie dir die Masche aus dem Keller
wieder hochgestrickt?«
Annerose nickt. »Was soll ich bloß machen?
Ich bring's nicht, ich kann's nicht richtig
sehen. Und zu Mutter kann ich doch nicht
gehen damit.«
Das sieht Schnüpperle ein. Der Topflappen,
den Annerose strickt, ist für Mutter zum
Geburtstag.
»Müssen wir eben warten, bis Vater
heimkommt. Vater weiß immer einen Rat.«
Als Vater nach Hause kommt, sagt
Annerose: »Wenn ich genau hingucken
will, Vater, wird alles ganz schwimmelig vor
meinen Augen, und auch wenn Frau
Buschmann an die Tafel schreibt, ist es so.«

»Mutter wird gleich morgen mit dir zum
Augenarzt gehen«, sagt Vater, »vielleicht
brauchst du eine Brille.«

»Eine Brille, Vater, ich will doch keine
Brille.«

»Warum denn nicht?«, fragt Schnüpperle,
»Vater hat doch auch eine, und als er damit
heimgekommen ist, das erste Mal, hat
Mutter gesagt: ›Du siehst ja richtig nervös
aus.‹ Ich hab's genau gehört.«

Vater und Mutter lachen und Annerose
ruft: »›Seriös‹, ›seriös‹ hat Mutter gesagt.«

»Meinetwegen, aber Mutter hat auch noch
gesagt: ›Wie ein feiner Herr.‹«

»Ich will aber nicht wie ein feiner Herr
aussehen«, sagt Annerose. »Ich weiß genau,
dass sie in der Schule alle Brillenschlange
hinter mir herrufen.«

»Deine Sonnenbrille setzt du aber sehr gern
auf«, sagt Mutter.

Am anderen Nachmittag gehen sie zu
Doktor Schubert. Schnüpperle passt genau
auf, was mit Annerose alles gemacht wird.
Zuerst werden ihr Tropfen in die Augen
geträufelt. Dann muss sie sich an einen
Tisch setzen, die Stirn an ein Polster

drücken und durch eine große Brille sehen. Gegenüber an der Wand ist eine Tafel, auf der Buchstaben und Zahlen stehen. Der Doktor kann sie beleuchten. Jetzt muss Annerose sagen, was sie alles sieht: Ein F und ein A, dann ein T und ein R. Die oberen Buchstaben sind groß, sie werden in jeder Zeile kleiner. Der Doktor fragt Annerose immer: »Kannst du es so gut sehen oder so noch besser?« Manchmal knipst er das Licht hinter der Tafel aus, dann wieder an.

Schnüpperle kann kaum noch still sitzen auf seinem Stuhl, aber er hat es Mutter versprochen. Auf einmal ruft er: »Herr Doktor, wenn Annerose fertig ist, kann ich dann auch mal durch die große Brille gucken?«

»Das können wir machen«, sagt der Doktor. »Gut, dann warte ich so lange.«

Als Annerose fertig ist, hebt der Doktor Schnüpperle auf den Stuhl und legt seine Stirn an das Polster.

»So«, sagt er, »und jetzt guck hier durch.« Wieder knipst er an der Tafel gegenüber das Licht an. »Und was siehst du jetzt?«

»Einen Teddy«, ruft Schnüpperle, »genauso einer wie mein Dicki zu Hause.«

»Und was siehst du jetzt?«

»Einen Fußball«, sagt Schnüpperle. »Du, der wird ja immer kleiner, aber ich kann ihn noch sehen.«

»Sehr gut und was ist das hier?«

»Ein kleiner Marienkäfer, mit lauter schwarzen Punkten.«

»Wie viel sind es denn?«

»Augenblick«, sagt Schnüpperle, »ich muss mal rechnen.«

Er lehnt sich zurück. »Wenn ich zwei Steckwürfel nehme und noch einen dazu und noch einen – du, jetzt weiß ich's, es sind vier Punkte.«

»Großartig«, sagt der Augenarzt, »du gehst wohl schon in die Schule?«

Schnüpperle nickt. »Du kannst mir schon was viel Schwereres zeigen.«

Schon leuchtet gegenüber wieder das F auf.

»Das ist ein F – F – och«, sagt Schnüpperle, »du hast ja noch ein ganz kleines F. Und das ist ja noch kleiner.«

»Schnüpperle braucht keine Brille«, sagt

der Doktor, »aber Annerose braucht sie dringend.«

»Dann wollen wir sie gleich aussuchen und bestellen gehen«, sagt Mutter.

Im Brillengeschäft probiert Annerose eine Brille nach der anderen auf. Keine gefällt ihr. Wenn sie in den Spiegel guckt, möchte sie am liebsten losweinen.

Mutter ist fast am Ende mit ihrer Geduld. Schließlich sagt sie: »Diese Brille hier, die zweite, die du aufgehabt hast, die ist wirklich schön, und sie passt zu deinem Gesicht, die nehmen wir.« Der Verkäufer setzt Annerose das Gestell noch einmal auf. »Donnerwetter«, sagt Schnüpperle, »mit dieser Brille siehst du richtig nervös aus.«

14
Ein Kuckuck,
der rechnen kann

Als Schnüpperle heute aus der Schule kommt, sagt er: »Mutter, Olaf ist krank, schon den dritten Tag. Frau Dornbrügge macht sich große Sorgen. Zuerst hat sie gesagt: ›Ach, krank ist jeder mal, morgen wird Olaf schon wieder da sein.‹ Aber am anderen Tag, als er immer noch nicht da war, hat sie gesagt, sie will sich mal erkundigen, was eigentlich los ist, weil niemand eine Entschuldigung geschickt hat, der Vater nicht und die Mutter nicht. Und heute hat sie gesagt: ›Mit Olaf steht es nicht gut. Sein Vater und seine Mutter sind auch im Krankenhaus. Sie haben alle eine

Vergiftung von Pilzen. Bloß Olafs kleine
Schwester nicht, die mag keine Pilze essen,
und Olafs Oma auch nicht.‹«

»Du meine Güte«, sagt Mutter, »das ist ja
fürchterlich. Ob sie denn die Pilze selber
gesucht haben?«

Schnüpperle nickt. »Die Oma hat zu Frau
Dornbrügge gesagt: ›Ja, das haben sie‹, und
sie kann das überhaupt nicht verstehen,
weil Olafs Vater jeden Pilz ganz genau
kennt.«

»Es muss doch aber trotzdem ein giftiger
dazwischengeraten sein«, sagt Mutter.

»Sagt Frau Dornbrügge auch, sonst wär das
doch nicht passiert. Und die Oma hat
gesagt: ›Zuerst hat es ihnen wunderbar
geschmeckt. Aber mitten in der Nacht ist
dem Olaf auf einmal so schlecht geworden
und er hat nach Mama und Papa und Oma
gerufen.‹ Und die Erste an seinem Bett ist
Oma gewesen, weil ihr nicht schlecht war.
Sie hatte doch keine Pilze gegessen und sie
hat gesagt: ›Olaf, ich koch dir einen Tee,
davon wird dir schon wieder besser
werden.‹ Aber dem Olaf ist immer noch
schlechter geworden und er hat brechen

müssen. Dann ist ihm heiß geworden, aber
er war ganz kalt dabei. Und auf einmal hat
er die Augen verdreht, hat die Oma gesagt,
und als sie das gesehen hat, hat sie den
Notruf gewählt.« Schnüpperle macht eine
Pause. »Mutter, ich versteh das gar nicht.
Sie hätte doch telefonieren können.«
»Ob man wählen sagt oder telefonieren, das
ist egal, Schnüpperle. Man bekommt über
den Notruf die schnellste Hilfe, die es gibt.«
»Stimmt«, sagt Schnüpperle. »Es hat
nämlich nicht lange gedauert und das
Krankenauto ist mit Tatütata angerast
gekommen. Oben in den Biergläsern hat
das blaue Licht immer noch gefunkelt und
die Männer aus dem Auto haben Olaf auf

eine Trage gelegt. Einer hat sich neben Olaf gesetzt und gesagt: ›Los, los, es ist höchste Zeit!‹ Da ist der Oma Angst und Bange geworden. Und kaum war der Olaf weg, ist es mit der Mama und dem Papa genauso gegangen. Und der Krankenwagen hat wieder kommen müssen: Tatütata – Tatütata –«

»Und jetzt liegen sie also im Krankenhaus«, sagt Mutter und Schnüpperle nickt. »Die Oma hat zu Frau Dornbrügge gesagt: ›Olafs Papa ist über den Berg und die Mama auch.‹ Mutter, was hat denn die Oma damit gemeint? Das Krankenhaus liegt doch gar nicht über dem Berg.«

»Schnüpperle, das sagt man so, wenn jemand nicht mehr so schwer krank ist und bald wieder gesund sein wird.«

»Mmhmm«, macht Schnüpperle. »Ich hab zu Frau Dornbrügge gesagt: ›Und wie ist es mit Olaf? Wann kommt Olaf wieder in die Schule?‹ Da hat sie gesagt: ›Das weiß niemand, niemand.‹ Und dabei hat sie so komisch zum Fenster rausgeguckt. Dann hat sie gesagt: ›Wer von euch abends betet, sollte den lieben Gott bitten, dass Olaf

wieder gesund wird.‹ Und das mach ich
heute Abend, Mutter.«

Zwei Tage später kommt Schnüpperle
freudestrahlend aus der Schule. »Mutter,
Mutter, jetzt ist Olaf auch über den Berg.
Frau Bornbrügge hat gesagt, wir sollen uns
inzwischen schon ausdenken, was wir
mitnehmen, wenn wir ihn besuchen gehen.
Alle zusammen können wir ja nicht hin,
aber ich darf mitgehen und Anna auch. Was
nehme ich ihm denn bloß mit, Mutter? Es
muss was sein, das ihn ganz doll freut.«

»Das ist gar nicht so einfach«, sagt Mutter.
»Wir wissen nicht mal, was Olaf Freude
macht.«

»Vielleicht doch, Mutter. In dem Geschäft,
wo wir Anneroses Armbanduhr gekauft
haben, du weißt schon, war doch so eine
Uhr mit einem Kuckuck, der immer das
Türchen aufreißt und ›Kuckuck‹ ruft. ›Er
ruft immer das Richtige‹, hat der Verkäufer
zu mir gesagt, ›er kann nämlich rechnen,
deshalb weiß er, wie spät es ist.‹«

»Aber Schnüpperle, so eine Kuckucksuhr
habt ihr doch auch.«

»So eine nicht, Mutter. Bei uns geht der

Nickel unten immer hin und her. Bei der andern doch nicht. Bei der schaukelt ein kleines Mädchen immer rauf und runter, aber mit Schwung. Das sieht so richtig wupperich aus, so zum Mitmachen. Wenn wir die mitnehmen, Mutter, wird Olaf bestimmt schnell gesund.«

15
Ein Pferd, das wie ein Schwein aussieht

»Mutter, ich soll fragen, ob du am nächsten Samstag mit in die Schule kommen kannst. Wir wollen nämlich Laternen basteln, weil ein Laternenumzug gemacht wird. Ganz groß, mit Klavier und Geige, und andere Kapellen machen auch noch mit. Vorneweg

eine und mittendrin und hinterher auch.
Die Feuerwehr geht auch mit und auf dem
Platz vor unserer Schule wird ein Feuer
abgebrannt. Wir wollen ganz schöne
Laternen basteln, damit alle Leute sehen,
was wir Schulanfänger schon können, hat
Frau Dornbrügge gesagt. Aber es wäre gut,
wenn ein paar Mütter mitkämen und ein
bisschen helfen würden.«

»Warum wollt ihr denn Laternen basteln?«,
fragt Annerose. »Es gibt doch welche zu
kaufen.«

»Weil selber gebastelte Laternen viel
schöner sind, hat Frau Borndrügge
gesagt.«

»Du kannst Frau Bornbrügge ausrichten,
sie kann mit mir rechnen«, sagt Mutter.

»Frau Borndrügge will aber nicht mit dir
rechnen, du sollst doch bloß helfen.«

Am Samstag kann Mutter dann doch nicht
mitgehen, weil sie plötzlich Fieber hat und
im Bett bleiben muss.

»Versprochen ist versprochen«, sagt Vater
und deshalb geht er mit Schnüpperle los.
Als sie in die Schule kommen, sitzen schon
vier Mütter da. Frau Bornbrügge hat

schwarze Pappbogen auf jeden Tisch gelegt. Sie rückt für Vater einen Stuhl zurecht.

»So, jetzt sind wir alle beisammen«, sagt sie, »und können anfangen. Bitte nehmt euch die schwarze Pappe und faltet sie einmal genau in der Mitte. Und jetzt, wenn ihr sie in der Mitte gefaltet habt, dann faltet ihr beide Hälften noch einmal genau in der Mitte.«

Anna kann es allein, Nadine auch, Susanne bekommt von ihrer Mutter geholfen. Vater hilft Schnüpperle und Sascha und Andreas. »Und jetzt müsst ihr euch etwas Schönes ausdenken«, sagt Frau Bornbrügge, »und mit roten oder gelben Filzstiften auf die schwarze Pappe malen. Vielleicht soll es ein Mond sein oder die Sonne, ein Stern, ein Haus oder viele Kugeln. Ihr müsst nur dran denken, dass wir nachher buntes Papier dahinterkleben wollen. Guckt mal her, ich habe schon etwas ausgeschnitten.« Frau Bornbrügge hält eine viermal geknickte Pappe gegen das Fenster.

»Mach ich auch«, ruft Sascha und die anderen rufen: »Ich auch, ich auch.«

Es ist aber gar nicht leicht. Einen Mond können alle malen, eine Sonne geht noch, bei Sternen und Tannenbäumen wird es schon schwieriger. Noch schwieriger ist ein Haus mit erleuchteten Fenstern. Jetzt muss Vater helfen und die Mütter der anderen Kinder auch. Vater zeigt Sascha, was er von seinem Haus ausschneiden darf und was stehen bleiben muss. Anna möchte bei ihrer schwarzen Katze geholfen kriegen, die auf dem Hausdach sitzt. Schnüpperle will zwei Pferde und zwei Tannenbäume in seiner Laterne haben.

Die Tannenbäume hat er schon gemalt, aber die Pferde…

»Was soll denn das sein?«, fragt Bastian.

»Ein Pferd, das siehst du doch?«

»Haha, das sieht wie ein Schwein aus.«

Bastian reißt Schnüpperle die Pappe weg und hält sie hoch. »Das soll ein Pferd sein, haha.«

»Gib mir meine Pappe wieder!«, schreit Schnüpperle.

Bastian hält die Pappe noch höher. »Ein Schwein, ein Schwein, ein Schwein«, schreit er. Schnüpperle springt hoch und

zerrt daran. Die Pappe zerreißt in zwei
Teile. Im nächsten Augenblick fängt
Schnüpperle zu weinen an.

»Du bist gemein, gemein! Vater, verhau
ihn. Meine schöne Laterne.«

Frau Bornbrügge legt den Arm um
Schnüpperle. »Ich geb dir eine neue Pappe,
Schnüpperle. Und du, Bastian, setzt dich
hin und kümmerst dich um deine eigene
Laterne. Was hast du denn schon
ausgeschnitten?«

»Einen Mond«, sagt Bastian, »auf jedem
Feld.«

»Viel ist das nicht gerade.«

»Für meine Laterne reicht es.«

»Gut«, sagt Frau Bornbrügge, »dann geh in
die Spielecke, die anderen sind noch lange
nicht so weit.«

Sie gibt Schnüpperle eine neue Pappe und
Vater hilft ihm zwei schöne Tannenbäume
zu malen. Schnüpperle schneidet sie aus.
Dann kommen die Felder mit dem Pferd an
die Reihe.

Auf einmal sagt Schnüpperle: »Ich will kein
Pferd mehr.«

In der Spielecke fängt Bastian zu lachen an.

»Weil du's nicht kannst. Wird ja doch bloß
ein Schwein draus.«

»Bastian!«, ruft Frau Bornbrügge. Dann
sagt sie: »Weißt du was, Schnüpperle, du
malst ein Sparschwein drauf mit bunten
Punkten auf dem Rücken.«

»Dass ich darauf nicht gekommen bin«, ruft
Vater. Dann fangen Schnüpperle und Vater
abwechselnd zu malen an. Auch beim
Ausschneiden wechseln sie sich ab.

Als alle mit dem Ausschneiden fertig sind,
teilt Frau Bornbrügge das bunte
Seidenpapier aus. Gelbes für Sonne, Mond
und Sterne. Grünes für Tannenbäume, rotes
und blaues für die ausgeschnittenen Kreise.
Zuerst wird das Papier zurechtgeschnitten,
danach muss der Klebstoff um die
ausgeschnittenen Stellen getupft werden.
Ein Glück, dass so viele Mütter da sind und
Schnüpperles Vater.

»Jetzt haben wir aber ein ordentliches Stück
Arbeit geschafft«, sagt Frau Bornbrügge.
»Am nächsten Samstag machen wir weiter.
Dann kommt der Boden hinein und der
Draht wird festgemacht, damit wir die
Laternen an die Stöcke hängen können.«

»Aber es sind doch noch gar keine Laternen«, ruft Schnüpperle und hält seine Pappe hoch.

»Richtig«, ruft Frau Bornbrügge, »wir müssen die Laternen mit einem schwarzen Pappstreifen noch zusammenkleben. Kommen die Mütter und der Vater wieder mit?« Alle nicken und Frau Bornbrügge bedankt sich.

»Wir legen die Pappen jetzt ins Regal«, sagt sie, »eine über die andere. Stellt euch an und drängelt nicht.«

Hinter Schnüpperle steht Bastian. »Du hast ja doch bloß ein Schwein fertig gekriegt, du Stinksack. Nicht mal dein Vater hat ein Pferd gekonnt.«

»Und du hast bloß Kreise gekonnt und sonst überhaupt nichts. Und wenn du nicht sofort aufhörst, zerreiß ich dir auch deine Pappe, darauf kannst du dich verlassen.«

16
Stille Post und Wattepusten

»Was haltet ihr davon, wenn wir morgen einen Spielnachmittag machen?«, fragt Frau Bornbrügge.

»Gar keine Schule?«, ruft Bastian.

»Nur miteinander spielen.«

»Jeder, was er will?«, fragt Bastian.

»Ganz so auch wieder nicht. Ich habe mir gedacht, wir wollen miteinander spielen, entweder alle zusammen oder Tisch für Tisch.«

»Dürfen wir Spiele von zu Hause mitbringen?«, fragt Anna.

»Darf ich auch meine kleine Schwester mitbringen?«, fragt Florian.

»Darf ich Annelie auch mitbringen?«, fragt
Schnüpperle. »Annelie möchte so gerne mal
mit in die Schule kommen, weil wir
manchmal zusammen Schularbeiten
machen.«
»Annelie ist Schnüpperles Braut«, ruft
Susanne.
»Ach du, überhaupt nicht wahr. Du bist ja
bloß neidisch, weil Annelie so niedlich
aussieht.«
»Niedlich, niedlich, ha-ha-ha!«
Als Schnüpperle am Tag darauf mit Annelie
zum Spielnachmittag kommt, sehen sie
schon von weitem, dass Anna ein Springseil

mitgebracht hat. Sie lässt es zusammen mit
Nadine kreisen. Susanne muss springen.

»Teddybär, Teddybär, dreh dich um,
Teddybär, Teddybär, mach dich krumm«,
singen Anna und Nadine. Schnüpperle und
Annelie gucken zu. Jedes Mal, wenn
Susanne zweimal hochgesprungen ist,
schlägt ihr das Seil an die Beine.

»Jetzt bist du aber aus«, ruft Nadine, »ich
bin dran.« Nun muss Susanne das Seil mit
Anna kreisen lassen. Viermal klappt es,
dann stolpert Nadine über das Seil.

»Darf ich auch mal?«, fragt Annelie.

»Ich möchte auch mal das Seil nehmen«,
sagt Schnüpperle.

Als Anna gestolpert ist, schwenkt sie mit
Schnüpperle zusammen das Seil und
Annelie hüpft. »Teddybär, Teddybär, dreh
dich um…«

»Donnerwetter!«, ruft Schnüpperle. »Du
bist ja ein richtiger Flummiball.«

»Mit Annelie macht's überhaupt keinen
Spaß«, sagt Susanne.

»Kommt in die Klasse«, ruft Frau
Bornbrügge in diesem Augenblick. Alle
rennen los, und weil die Stühle schon im

Kreis stehen, flitzen sie auf die Plätze.
Susanne und Sascha drängen sich neben
Frau Bornbrügge.
»Ich möchte jetzt mal was sagen«, ruft
Bastian. »Die beiden dort sitzen immer
neben Ihnen, Frau Bornbrügge, andere
kommen überhaupt nicht dran.«
»Entschuldige, Bastian, das hab ich ganz
übersehen.
Komm, Sascha, tausch deinen Platz mit
Bastian. Und mit Susanne tauscht…«
Vier Mädchen springen auf.
»Immer nur eine zur Zeit«, sagt Frau
Bornbrügge. Sie winkt Anna zu. »So, und
jetzt kann es losgehen. Ich habe gedacht,
wir spielen ›Alles, was fliegen kann, fliegt
hoch in die Luft‹. Das ist nicht schwer und
lustig ist es auch. Jeder von uns weiß, wer
fliegen kann und wer nicht. Können Häuser
fliegen?«
»Nein!«, rufen die Kinder.
»Können Bienen fliegen?«
»Ja!«, rufen die Kinder.
»Also, ihr hebt eure Zeigefinger nur hoch,
wenn ich etwas ausrufe, das fliegen kann. –
Alles, was fliegen kann, fliegt hoch in die

Luft.« – Bei hoch fliegen alle Finger in die Höhe. – »Enten fliegen – Gänse fliegen – Hühner fliegen – Hefte fliegen.«

Hans-Heinrich hat als Erster die Finger hochgerissen. Jetzt muss er weitermachen. »Sch-Schmetterlinge fliegen, B-Blätter fliegen!« Die meisten Kinder heben die Finger hoch.

»Blätter! Haben Blätter vielleicht Flügel?«, ruft Bastian.

»Nee«, sagt Schnüpperle, »aber fliegen können sie doch, im Wind.« Das lässt Frau Bornbrügge gelten.

»H-Hühner fliegen, Enten fliegen, Fliegen fliegen, Schw-Schweine fliegen.«

Florian reißt die Finger hoch.

»Hahaha.« Die Kinder lachen.

»So, jetzt werde ich's euch aber zeigen.« Florian überlegt.

»Schwalben fliegen, Spatzen fliegen, Krähen fliegen, Fische fliegen.«

»Hahaha.« Alle lachen wieder.

Bastian ist dran.

Es geht noch eine Weile weiter, dann sagt Frau Bornbrügge. »Jetzt spielen wir etwas anderes. Wir setzen uns zu viert an die

Tische und pusten Watte.« Sie teilt für
jeden Tisch einen dicken Watteball aus.
Dann müssen die Kinder versuchen die
Watte vom Tisch zu pusten, und
gleichzeitig müssen sie aufpassen, dass die
Watte nicht herunterfällt.
Annelie sitzt mit an Schnüpperles Tisch.
»Mit den Händen aufhalten gibt es nicht!«,
ruft Frau Bornbrügge. Dann geht es los.
Alle pusten, so viel sie können. Die Watte
fliegt hin und her. Manchmal ist sie schon
dicht am Tischrand, dann bückt sich einer
blitzschnell und pustet sie wieder in die
Höhe. An Schnüpperles Tisch passt
Annelie wie ein Wiesel auf. Sie pustet und
pustet.
»Spuck nicht so«, ruft Susanne.
»Mach ich doch nicht. Ich will doch bloß,
dass die Watte nicht runterfällt.«
»Annelie spuckt nicht«, ruft Schnüpperle,
»du willst sie doch bloß nicht dabeihaben.«
Inzwischen ist die Watte schon an vielen
Tischen heruntergefallen.
»Frau Bornbrügge«, fragt Anna, »können
wir nicht mal Stille Post spielen?«
Alle Kinder sind begeistert.

»Stille Post ist prima. Da kommt immer so was Komisches raus.«

Sie setzen sich wieder in einen Kreis. Anna darf anfangen ihrem Nachbarn etwas ins Ohr zu sagen. »Auf einer Bank hinterm Haus sitzt eine Maus«, flüstert sie Martin ins Ohr.

»Auf einer Bank hinterm Haus liegt eine Maus«, flüstert Martin weiter.

»Auf einer Bank liegt eine Maus, die wohnt hinterm Haus.« Das ist Nadine.

Die nächste Stille Post heißt: »Auf einer Bank im Haus sitzt eine Maus, die will raus.«

Endlich ist Florian dran. Er lässt sich die Post zweimal sagen. »Auf einer Bank im Haus sitzt eine Maus, die springt auf den Tisch und trinkt ein Glas Bier aus.«

Annette kichert. Dann flüstert sie ihrem Nachbarn zu: »Die Maus auf der Bank im Haus springt auf den Tisch, trinkt das Bier und holt sich den Fisch.«

Hans-Heinrich flüstert: »Auf dem T-Tisch liegt ein F-Fisch, den holt sich die Maus, die Maus sitzt im Haus, und weil sie Bier getrunken hat, ist sie beduselt.«

Seine Nachbarin kann vor Lachen kaum sprechen. »Die Maus ist eine Susel. Sie schwimmt im Bier mit dem Fisch und der Fisch sagt: ›Mach dich raus.‹«

Als Schnüpperle die Stille Post ins Ohr geflüstert kriegt, heißt es: »Die Maus heißt Susel, der Fisch heißt Dusel. Sie gehen ins Gasthaus und trinken Wein, dann schlafen sie ein.«

Jetzt ist Schnüpperle dran. »Dusel und Susel trinken Wein und schlafen ein. Dann werden sie wach, sie rennen raus, sehen eine Bank und sagen Gott sei Dank.« Er sagt es Annelie ins Ohr.

Annelie sagt es so weiter: »Susel und Dusel schlafen ein, weil sie Wein getrunken haben, dann gibt es Krach, sie werden wach, rennen raus und die Geschichte ist aus.«

»Von wegen«, ruft Bastian, »das könnte dir so passen. Entweder du machst richtig mit oder du haust ab. Die Geschichte ist überhaupt nicht aus. Wir sind erst in der Hälfte mit der Stillen Post.«

»Bastian«, ruft Frau Bornbrügge, »warum machst du denn nicht weiter, Annelie hat dir doch etwas ins Ohr gesagt.«

»Schon, aber sie hat gesagt, die Geschichte ist aus, und das will ich nicht.«

»Dann sag ich eben was anderes: Susel und Dusel schlafen ein, dann gibt es Krach, sie werden wach, dann kommt ein Hahn, der heißt Bastian, der trägt sie raus…«

»Jetzt sag bloß nicht wieder, die Geschichte ist aus.«

»Nein«, sagt Annelie. Dann flüstert sie Bastian ins Ohr: »Der trägt sie nach Haus.«

»Dein Glück.« Bastian flüstert die Stille Post weiter.

Der Spielnachmittag dauert drei Stunden. Er geht für alle so schnell vorüber, als ob es nur eine einzige Stunde gewesen wäre.

»Nimmst du mich wieder mit, Schnüpperle«, fragt Annelie auf dem Heimweg, »wenn ihr wieder einen Spielnachmittag macht?«

»Darauf kannst du dich verlassen«, sagt Schnüpperle.

17
Auf dem Flohmarkt

Heute kommt Annerose ganz aufgeregt aus
der Schule heim.

»Mutter, am Samstag ist Flohmarkt und
weißt du, warum? Weil in der Altstadt ein
großes Fest gefeiert wird.«

»Ja, die Fußgängerzone wird eingeweiht«,
sagt Mutter.

»Flohmarkt?«, fragt Schnüpperle. »Ist das
so wie Hundeausstellung?«

Annerose haut sich auf den Bauch vor
Lachen. »Du denkst wohl, da werden Flöhe
ausgestellt, was?«

»Warum denn nicht? Wenn ich mit Mutter
zum Markt gehe, ist auch alles ausgestellt:

Salat und Tomaten, Kartoffeln und Eier und so.«

»Wo sollen denn die Leute die Flöhe hernehmen?«

»Weiß ich nicht. Aber Vater hat gesagt, als er noch klein war, ist er auch mal mit seinem Opa in den Flohzirkus gegangen, und es ist ganz doll gewesen. Da haben die Flöhe einen Wagen gezogen.«

»Flohmarkt ist was ganz anderes.«

»Woher weißt du denn das, Annerose?«

»Weil es mir die Ludowika erzählt hat. Da kann man nämlich alles Mögliche verkaufen, Sachen, die man nicht mehr braucht, altes Zeug eben.«

»Und wer kauft das, Annerose?«

»Die Leute, die vorbeigehen.«

»Aber wenn es doch altes Zeug ist?«

»Na ja, es muss noch hübsch aussehen. Die Ludowika will ihre alte Sparbüchse verkaufen. Das ist ein kleiner Mann mit Turban. Dem muss man ein Geldstück zwischen die Zähne schieben, das verschluckt er dann.«

»Und wie kriegt man's wieder raus?«

»Man kann unten aufschließen. Aber die

Ludowika hat den Schlüssel verbummelt,
deshalb will sie die Sparbüchse verkaufen.«
»Und wie kriegen die anderen Leute das
Geld raus?«
»Die Ludowika hat gesagt: ›Das interessiert
mich nicht.‹«
»Willst du auch was verkaufen, Annerose?
Auch deine Sparbüchse?«
»Bei dir piept's. Ich verkauf doch meine
schöne Sparbüchse nicht. – Ob ich meine
Kasperpuppen verkaufe, Mutter?«
»Deine schönen Holzköpfe?«
»Ich spiel doch gar nicht mehr damit«, sagt
Annerose, »oder hast du vielleicht eine alte
Vase, Mutter, oder einen Teller oder einen
Milchkrug?«
»Da muss ich erst mal nachsehen.«
»Dann will ich aber auch was verkaufen«,
ruft Schnüpperle, »nicht bloß Annerose.«
Als Erstes findet Mutter einen
Aschenbecher. »Vater raucht ja nicht
mehr«, sagt sie. Der Aschenbecher ist
schwarz. Auf seinem Rand sitzen ein
kleiner roter und ein kleiner schwarzer
Hund.
»Mutter, den Aschenbecher habe ich

überhaupt noch nicht gesehen«, sagt
Schnüpperle.

»Der ist noch aus Vaters Junggesellenzeit.«

»Aus was für einer Zeit, Mutter?«

»Aus der Zeit, in der Vater noch nicht
verheiratet war, Junggesellenzeit nennt
man das.« Dann findet Mutter ein großes
Bierglas. »Das könnt ihr auch verkaufen,
stammt auch aus Vaters Junggesellenzeit.«
Dann findet sie einen Holzteller mit
aufgemalten Blumen. In der Mitte steht:
»Gruß aus Hahnenklee«.

»Was ist denn das, Hahnenklee, Mutter?«

»Das ist ein Ort im Harz.«

»Im Harz? Klebt man da fest, Mutter?«

»Nein, warum soll man denn da
festkleben?«

»Weil Harz immer so klebrig ist wie
Honig.«

»Der Harz ist ein Gebirge«, sagt Mutter.

»Was interessiert dich denn das alles«, ruft
Annerose, »Hauptsache, wir können den
Teller gut verkaufen. Mutter, jetzt musst du
noch eine Sache finden, dann hat jeder von
uns zweierlei.«

Mutter findet im Keller noch eine gläserne

Apfelreibe und zwei Tassen mit Goldrand.

»So«, sagt sie, »jetzt müsst ihr sehen, ob ihr
noch etwas von euch verkaufen wollt.«

Schnüpperle kramt in seiner Spielzeugkiste.
Er findet einen roten Ball. »Den nehm ich«,
sagt er.

Annerose nimmt den Ball in die Hand.

»Der ist ja ganz labberig.«

»Hat Purzel ein Loch reingebissen«, sagt
Schnüpperle, »aber wenn ich ihn richtig
hinlege, so, guck mal, merkt man das
nicht.«

Dann findet Schnüpperle ein Bilderbuch. Es
ist eigentlich kein richtiges Bilderbuch
mehr. Es sind nur noch die festen Deckel
und lauter lose Seiten.

»Das kauft dir kein Mensch ab«, sagt
Annerose.

»Warum denn nicht? Da steht doch die
schöne Geschichte drin vom Mäusekönig
und seiner Tochter Hinki-Pinki.«

»Und das willst du verkaufen?«

Schnüpperle wird ganz rot. Er schiebt das
Buch gleich wieder ins Regal. Plötzlich fällt
ihm Mutters große Knopfschachtel ein. Er
schüttet sie einfach auf dem Fußboden aus.

»So schöne Knöpfe«, ruft er, »und so viele.«
Am Abend, als Vater nach Hause kommt,
sagt er: »Vater, auf dem Flohmarkt bin ich
der König, das wirst du sehen. Ich hab die
schönsten Knöpfe zu verkaufen, die es
gibt. Und jede Sorte in einer kleinen
Schachtel.«
»Knöpfe«, sagt Annerose, »wer soll denn
Knöpfe kaufen, so etwas habe ich in
meinem Leben noch nicht gehört.«
»Lass doch Schnüpperle machen«, sagt
Vater, »vielleicht hat er Glück.«
Am Samstag geht Vater mit den beiden in
die Breite Straße, wo der Flohmarkt
stattfinden soll. Sie haben den Kindertisch
mitgenommen und bauen ihre Sachen auf.
Auf der linken Seite neben ihnen hat
Schnüpperles Schulpate ganz stolz seine
Segelflugmodelle aufgestellt und auf der
anderen Seite steht Ludowika mit ihrer
Sparbüchse, einem hölzernen Eierregal,
alten Hufeisen und Postkarten.
Sie haben gerade noch die richtige Zeit
erwischt. Mit einem Mal ist die Breite
Straße nämlich voll gebaut. Vater stellt
ihnen die Kinderstühle hinter den Tisch,

Schnüpperle und Annerose setzen sich und warten.

Es dauert nicht lange und die ersten Käufer kommen die Straße entlanggebummelt. Die einen bleiben bei dem Stand mit den Schallplatten stehen, die anderen an dem Tisch mit dem Geschirr. Endlich nähern sich die Ersten dem Stand, hinter dem Annerose und Schnüpperle sitzen. Aber sie sehen sich die Segelflugmodelle von Schnüpperles Schulpaten an.

Plötzlich kann Schnüpperle nicht mehr warten. »Ich hab auch was Schönes zu verkaufen!« Er hält den Aschenbecher mit den kleinen Hunden hoch. »Ist von Vater, als er noch klein war und noch geraucht hat.«

»Stimmt überhaupt nicht. Als Vater klein war, hat er überhaupt nicht geraucht«, ruft Annerose.

»Doch«, ruft Schnüpperle, »ohne Mutter hat Vater immer geraucht. Da war er nämlich noch ein Geselle.«

»›Junggeselle‹, hat Mutter gesagt.«

»Ja, und das Glas hat er auch immer leer getrunken, als er noch klein war.«

»Warum nicht«, sagt ein Mann, »wenn Himbeersaft drin gewesen ist.«

»Himbeersaft! Vater trinkt doch Bier.«

»Auch schon, als er noch klein war?«, fragt der Mann.

»Da war Vater noch Junggeselle!«, ruft Annerose. »Schnüpperle bringt immer alles durcheinander.«

»Wie viel soll denn der Aschenbecher kosten?«, fragt ein junges Mädchen.

»Hundert Mark!«, ruft Schnüpperle.

»Oha. Der wird wohl etwas billiger werden müssen.«

»Warum? Ist hundert Mark sehr viel?«

Das junge Mädchen nickt.

Aber der Schulpate sagt: »Schnüpperle kann das noch nicht, er ist gerade erst in die Schule gekommen. Wie viel möchten Sie denn dafür geben?«

Sie dreht den Aschenbecher hin und her. »Kaputt ist er nicht, Sprung hat er nicht – für drei Mark würde ich ihn nehmen.«

»Kannst du machen«, flüstert Schnüpperles Schulpate.

Und Annerose sagt: »Also gut.«

Das junge Mädchen gibt drei Mark hin und
steckt den Aschenbecher in die Tasche.
»Aber dass du immer gut zu den beiden
Hunden bist«, ruft Schnüpperle.
Dann kommen eine alte Dame und ein alter
Herr.
»Sieh doch mal, Eduard, ein Holzteller aus
Hahnenklee, aus Hahnenklee, den möchte
ich haben.«
»Was soll er denn kosten?«, fragt der Herr.
»Drei Mark«, ruft Annerose.
»Drei Mark? Hier auf dem Flohmarkt,
nee«, sagt der Herr.

»Aber Eduard, weißt du nicht mehr, er ist
doch aus Hahnenklee!«

»Also gut, du sollst deine Freude haben.«
Jetzt zählt Schnüpperle das Geld in der
Blechbüchse. »Eins, zwei, drei, vier, fünf,
sechs. Das ist aber schon viel und alle so
schön blank. Was machen wir denn mit
dem Geld, Annerose? Wollen wir uns
nachher gleich eine Wurst kaufen?«

»Kommt nicht in Frage, meins stecke ich in
die Sparbüchse.«

»Wenn es bloß in die Sparbüchse kommt,
macht mir der ganze Flohmarkt keinen
Spaß mehr. Ich möchte mir eine Wurst
kaufen.«

»Kannst du ja mit deinem Geld machen.«
Plötzlich hat Schnüpperle zu tun. Es bleiben
Leute stehen, die sich für seine Knöpfe
interessieren.

»Hirschhornknöpfe«, ruft eine Frau, »und
genau die Größe, die mir fehlt.« Sie fängt an
zu zählen. »Sechs Stück, das ist ja
wunderbar. Wie viel sollen sie denn kosten?«

»Hundert Mark«, sagt Schnüpperle wieder.
Die Frau lacht. »Wenn ich dir nun für jeden
Knopf fünfzig Pfennig gebe?«

Schnüpperle rennt zu seinem Schulpaten.

»Wie viel ist denn das?«

»Das sind drei Mark. Das Geschäft kannst du machen.«

»Also gut«, sagt Schnüpperle zu der Frau, »das Geschäft mache ich.«

Am Nachmittag haben sie auch noch die Apfelreibe und das Bierglas verkauft. Nur den Ball werden sie nicht los, in den Purzel schon ein Loch gebissen hatte. Aber die beiden Tassen verkaufen sie auch noch. Dann haben sie zwölf Mark beisammen.

»So, jetzt gehe ich mir eine Wurst kaufen«, sagt Schnüpperle, »da kannst du machen, was du willst.«

»Und ich soll wohl noch mit deinen Knöpfen rumhökern, was?«

»Gar nicht nötig«, sagt Schnüpperle, »die schütt ich alle wieder in Mutters alte Knopfschachtel. Hoffentlich holt uns Vater bald ab. Ich hab nämlich genug vom Flohmarkt.«

18
Eine Reise nach Amerika

»Morgen gehe ich noch einmal zum
Altstadtfest«, sagt Schnüpperle. »Morgen
ist nämlich der letzte Tag. Kommst du auch
mit, Vater?«
Vater liest Zeitung. »Mal sehen«, sagt er.
»Aber morgen ist besonders viel los, Vater.«
– Vater liest weiter. – »Möchtest du gar
nicht wissen, was morgen alles los ist,
Vater?«
Vater lässt die Zeitung sinken.
»Mein Schulkönig hat gesagt, morgen
lassen sie die Puppen tanzen, und das
möchte ich so furchtbar gerne sehen. Ob es
Kasperletheater ist?«

»So etwas Ähnliches wird's schon sein.«
»Hab ich mir auch gedacht. Mein
Schulkönig hat gesagt, morgen gibt's
Remmidemmi. Was ist denn das?«
»Das ist Trubel, Musik und Tanz und so
was.«
»Nein, Vater, ich glaube, das weißt du nicht
richtig. Mein Schulkönig hat nämlich
gesagt: ›Morgen sind die Rollmopsbrötchen
doppelt so dick wie sonst.‹ Und dann gibt's
noch einen Luftballonwettbewerb, den
macht das Schuhgeschäft Krikodol, wo du
deine Schuhe gekauft hast, Vater. Aber
morgen kann man keine Schuhe kaufen,
weil Sonntag ist und weil die Verkäufer alle
die Luftballons aufblasen müssen. An
jedem Luftballon hängt eine Karte. Da
muss man seinen Namen draufschreiben
und wo man wohnt. Und weil ich noch
nicht schreiben kann, möchte ich, dass du
mitkommst, Vater, damit ich auch einen
Luftballon losfliegen lassen kann.«
»Ja, das kann ich verstehen. Und was wird
mit den Luftballons, die morgen
davonfliegen?«
»Mein Schulkönig hat gesagt, der

allerweiteste Ballon gewinnt eine große Reise.«

»Wenn das so ist«, sagt Vater, »dann muss ich wohl morgen mit zum Altstadtfest.«

Schnüpperle springt auf Vaters Schoß.

»Vater, du bist ja ein richtiger Kondensmann zum Freuen.«

Am anderen Tag gehen Vater und Schnüpperle zuallererst zum Schuhgeschäft mit dem Luftballonwettbewerb. Schon von weitem sehen sie die vielen Leute vor der Ladentür.

»Schnell, Vater, schnell«, ruft Schnüpperle, »damit wir noch einen abkriegen, Annerose und ich.«

Als sie sich an den Tisch geschoben haben, fragt die Verkäuferin: »Na, möchtest du auch einen Luftballon aufsteigen lassen? Kannst du denn auch schon schreiben?«

»Ein bisschen«, sagt Schnüpperle. »Aber Vater ist mitgekommen, der schreibt genau.«

»Und was gibt es zu gewinnen?«, fragt Annerose.

»Eine Reise nach Amerika«, ruft ein Mann.

»Mit dem Auto?«, fragt Schnüpperle.

»Nein, mit der Eisenbahn.«

»Darf Mutter auch mitkommen?«
»Natürlich«, sagt der Mann.
Inzwischen haben Vater und Annerose die
Karten ausgefüllt. Sie werden mit einer
Schnur gleich unter dem Luftballon
festgebunden.
»Ich hab ja Gelb«, ruft Schnüpperle, »Gelb
finde ich überhaupt nicht schön, ich möchte
lieber Rot.«

»Jetzt ist deine Karte schon festgebunden«, sagt Vater, »nun lass es, wie es ist.«

»Aber wenn ich nicht gewinne, bist du schuld, Vater, ich wollte lieber Rot.«

»So«, sagt die Verkäuferin, »und jetzt nimm den Luftballon in die Hand und wirf ihn hoch.« Schnüpperle macht es und Annerose auch. Im nächsten Augenblick fegt ein Wind über den Marktplatz. Die Luftballons heben sich hoch und immer höher und schweben davon. Schnüpperle und Annerose sehen ihnen nach, bis es nur kleine Punkte sind.

Vom Marktplatz her ist Musik zu hören. Ein Spielmannszug kommt angezogen. Es sind Mädchen in roten Jacken und weißen Stiefeln.

»Das sind die Puppen«, ruft Schnüpperle, »nachher tanzen sie, ganz bestimmt.«

»Das hat dein Schulkönig doch bloß so gesagt«, ruft Annerose.

An der nächsten Ecke wird aber wirklich getanzt.

»Holländerinnen«, ruft Annerose, »guck doch mal, Schnüpperle, sie haben richtige Holzschuhe an.«

Auf einmal steht ein Mädchen mit einem weißen Häubchen vor ihnen und hält ihnen ein Tablett mit Käsewürfeln hin.

»Darf ich mir nehmen, so viel ich will?« Das Käsemädchen nickt und Schnüpperle nimmt sich drei Käsespieße.

Dann sehen sie den Tanzpaaren zu. Als der Tanz zu Ende ist, wollen sie für Mutter einen Blumenstrauß kaufen gehen.

Plötzlich ruft Schnüpperle: »Florian, Florian!« Neben den Blumenständen ist ein großer Würstchenstand. Hinter dem Würstchenstand steht ein Lieferwagen und dort sitzt Florian drin und lässt die Beine baumeln.

»Das ist Florian aus der Schule«, sagt Schnüpperle. »Was machst du denn hier, Florian?«

»Ich muss auf die Würstchen aufpassen«, sagt Florian.

»Warum denn?«

»Weil am Stand so viel Betrieb ist. Der gehört uns nämlich.«

»Machst du das gern?«, fragt Schnüpperle.

»Nein, es ist langweilig.«

»Soll ich ein bisschen bei dir bleiben? –

Darf ich, Vater? Holt ihr mich nachher
wieder ab?«

»In einer halben Stunde sind wir wieder
da.« Vater hebt Schnüpperle zu Florian in
den Wagen.

»Oh«, sagt Schnüpperle, »das riecht aber
gut nach Würstchen.« Dann geht er
zwischen den Körben auf und ab.

»Das sind Bratwürste«, sagt Florian, »und
das Wiener und das Bockwürste.«

»Darfst du auch Würstchen essen?«

»So viel ich will.«

»Darfst du auch Würstchen verschenken?«
Florian nickt.

»Hast du schon viele verschenkt?«
Florian schüttelt den Kopf.

»Ob du mir eins schenken darfst?«
Florian nickt wieder.

Schnüpperle überlegt, dann greift er nach
einem langen Wiener Würstchen.

»Donnerwetter«, sagt er, »das ist vielleicht
ein Kondensmann.«

Florian sucht sich auch eins. Sie stehen vor
dem Würstchenkorb.

»Wollen wir mal was machen?«, fragt
Schnüpperle. Florian sieht ihn an. »Kann

man schön zählen lernen«, sagt
Schnüpperle. Er nimmt drei Würstchen aus
dem Korb. »Jetzt kommt vier, dann fünf,
dann sechs.« Dann sucht sich Schnüpperle
ein großes Würstchen und dazu zwei kleine
und legt sie auf den Boden.
»Ach, ich weiß«, ruft Florian, »du willst ein
F machen.«
Schnüpperle nickt.
Florian sucht im Korb nach zwei
Würstchen, die ein bisschen krumm sind,
und legt sie daneben. »Fu«, sagt er, »und
was machen wir jetzt?«
Schnüpperle denkt einen Augenblick nach.
»›Tut‹ geht auch gut«, sagt er. Also legen sie
›Tut‹ aus Würstchen auf den Boden des
Lieferwagens. Dann legen sie das A von
Auto hin und suchen nach krummen
Würstchen, weil sie gerne ein O legen
möchten. Sie wühlen den großen
Würstchenkorb durch, von einer Seite auf
die andere.
»Hier, Florian, hier!«, ruft Schnüpperle.
»Jetzt können wir richtig loslegen. So viele
krumme, hätte ich nicht gedacht.«
Nicht lange und im Auto liegt »Tut« und

»Fu ruft Puti« und »Puti ruft Fu«, und als sie gerade wieder suchen wollen, steht Florians Mutter am Lieferwagen.

»Um Himmels willen«, ruft sie, »was macht ihr denn hier? Wer ist denn dieser Junge?«

»Das ist Schnüpperle, Mutter, der geht mit mir in die Schule, und der ist bei mir geblieben, weil es so langweilig war.«

»Schon gut«, sagt Florians Mutter, »schon gut.« Sie nimmt alle Würstchen, mit denen sie Buchstaben gelegt haben, und drückt sie Schnüpperle in die Hand. »Kannst du mitnehmen«, sagt sie.

»Alle?«, fragt Schnüpperle.

»Alle«, sagt Florians Mutter.

»Krieg ich auch noch etwas Senf mit nach Hause? Für so viele Würstchen haben wir bestimmt nicht genug.«

19
Wettrechnen

»Herr Kasseroll, wissen Sie eigentlich, was
plus und minus ist?« Schnüpperle steht am
Gartenzaun und Herr Kasseroll pflückt
Birnen.
»Und ob ich das weiß.«
»Machen Sie das auch manchmal, wenn Sie
rechnen?«
Herr Kasseroll nickt.
»Haben Sie das auch in der Schule
gelernt?«
»Ja«, sagt Herr Kasseroll.
»Mit Steckwürfeln?«
»Nein«, sagt Herr Kasseroll. »Wir haben
nur Zahlen geschrieben und wir haben auch

nicht ›plus‹ und ›minus‹ gesagt, wir haben
gesagt: ›und‹ und ›weniger‹. Vier weniger
eins …«

»Ist weniger so wie minus?« – Herr
Kasseroll nickt. – »Legen Sie doch mal vier
Birnen aus Ihrem Korb hin«, sagt
Schnüpperle, »dann weiß ich's. Vier minus
eins ist drei.«

»Sehr gut. Und wie viel ist drei und eins?«
»Sie müssen plus sagen, sonst versteh ich's
nicht.« Einen Augenblick denkt
Schnüpperle nach. »Drei plus eins ist vier.«
»Fabelhaft«, sagt Herr Kasseroll, »und du
brauchst nicht einmal Steckwürfel dazu.«
»Aber Birnen oder meine Finger. Mit
meinen Fingern kann ich auch gut plus und
minus machen. Und Frau Dornbrügge hat
gesagt, wir üben es ganz fleißig, und wenn
wir es alle gut können, wird Wettrechnen
gemacht. Ohne Steckwürfel, bloß so im
Kopf. Ich werde es bestimmt nicht gut
können, weil ich immer was dazu brauche.«
»Das kann ich mir überhaupt nicht
vorstellen, Schnüpperle, du kannst doch
schon ›Mensch ärgere dich nicht‹ spielen, da
zählst du doch auch.«

»Ja, aber da nehme ich das Männchen dazu
und tipp immer auf die Kreise, da hab ich
doch schon wieder was. Herr Kasseroll, was
soll ich bloß machen beim Wettrechnen?
Ich will ja nicht Erster sein, aber Letzter
möchte ich auch nicht werden.«
»Was ist denn da zu tun?«, sagt Herr
Kasseroll.
»Ich weiß nicht.«
»Aber vielleicht weiß ich es. Wir setzen uns
an den Gartentisch und würfeln ein
bisschen.«
»Aber auf dem Würfel sind doch wieder
Punkte.«
»Abwarten«, sagt Herr Kasseroll und
würfelt zuerst.
»Eine Drei«, ruft Schnüpperle und würfelt
selber. Herr Kasseroll sieht, wie er zählt.
»Fünf«, sagt Schnüpperle.
Herr Kasseroll wirft eine Sechs. Wieder
zählt Schnüpperle leise vor sich hin. Als er
›sechs‹ sagt, nickt Herr Kasseroll. Dann
wirft Schnüpperle eine Eins und lacht, Herr
Kasseroll wirft eine Zwei, Schnüpperle
lacht wieder. Dann wirft er eine Fünf und
zählt leise und dann wirft Herr Kasseroll

eine Sechs. Schnüpperle muss wieder
zählen. Nach einer halben Stunde geht es
aber schon so gut, dass Schnüpperle nicht
mehr zu zählen braucht. Fünf – drei – sechs
– vier.

»Das geht ja wie geschmiert«, sagt Herr
Kasseroll.

»Bloß mit dem Plusen und dem andern, Sie
wissen schon, das kann ich eben nicht.«
Jetzt nimmt Herr Kasseroll den Würfel
weg. »Wie sieht eine Vier aus?«
Schnüpperle tippt mit dem Finger vier
Punkte auf den Gartentisch.

Herr Kasseroll würfelt jetzt eine Zwei dazu.
»Vier plus zwei?«
Er nimmt schnell den Würfel weg.
Schnüpperle überlegt. »Sechs«, sagt er.

»Vier minus zwei?« Wieder überlegt
Schnüpperle und dann sagt er: »Zwei.«

»Gut, wir bleiben bei der Vier«, sagt Herr
Kasseroll. »Vier plus drei?«

»Acht«, sagt Schnüpperle.

»Vier plus drei«, sagt Herr Kasseroll noch
einmal.

»Sehen Sie, ich kann's nicht«, heult
Schnüpperle los.

»Du kannst es«, sagt Herr Kasseroll, »vier plus drei.«

»Sieben«, ruft Schnüpperle.

»Na, siehst du. Und vier minus drei?«
Schnüpperle schiebt seine Hand unter den Tisch. Er ruft: »Eins – eins – eins!«

»Gemogelt, ich habe es gesehen, du hast gezählt.«

Herr Kasseroll und Schnüpperle üben und üben.

Auf einmal ruft Schnüpperle: »Herr Kasseroll, jetzt hab ich genug geplust und geminust. Jetzt hole ich mein ›Mensch ärgere dich nicht‹ und wir spielen richtig. Und wenn ich beim Wettrechnen in der Schule der Letzte bin, dann bin ich eben der Letzte, so.«

In diesem Augenblick kommt Frau Kasseroll mit einem Krug Apfelsaft und einem Körbchen Bonbons aus der Tür.

»Für die fleißigen Mathematiker«, sagt sie und stellt alles auf den Gartentisch.

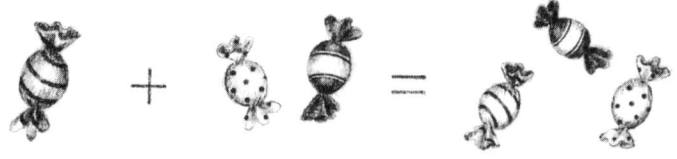

Schnüpperle kann bloß noch auf die
Bonbons gucken.

»Herr Kasseroll«, sagt er, »wenn ich mit
Bonbons hätte plusen können, wäre Mathe
viel leichter gewesen.«

20
Drachen
wohnen in einer Höhle

Mutter hat den Tisch gedeckt. Sie guckt aus
dem Fenster. Schnüpperle kommt mit
seinem Schulpaten die Straße entlang.
Mutter gießt die Kartoffeln ab, aber sie hört
Schnüpperle nicht heraufkommen. Mutter
füllt das Gemüse in die Schüssel, dann geht
sie vor die Tür.
»Ich komme schon«, ruft Schnüpperle und
dann sagt er: »Wenn ich darf, dann geh ich
heute zu meinem Schulkönig. Er baut sich
nämlich einen Drachen und ich darf helfen.
Darf ich gehen?«
»Aber erst werden Schularbeiten gemacht.«
Schnüpperle nickt. »Weißt du, was er sich

für einen Drachen baut, Mutter? Einen
großen roten. Und wenn ich viel helfe, baut
er für mich noch einen kleinen dazu. Er
muss sehr viel neue Schnur kaufen, weil
ihm sein Vogeldrachen im vorigen Jahr
davongeflogen ist. Schnur gerissen, war
schon alt. Sein Vater hat gesagt, er soll sich
selber einen bauen, dann wird's nicht so
teuer, wenn er wieder fortfliegt. Und
Drachen muss man überhaupt selber bauen,
sonst ist es nichts.«

»Das sagt Vater auch immer.«

»Und mein Schulkönig malt seinem
Drachen ein ganz gräuliches Gesicht, weil
er ja Drachen heißt. Und Drachen sind
Ungeheuer, die leben in einer Höhle. Hast
du das auch schon mal gehört, Mutter?«
Mutter nickt.

An diesem Nachmittag schreibt
Schnüpperle nicht eine Reihe mehr als
nötig. Er hält es vor Aufregung nicht aus,
er muss zu seinem Schulpaten. Annerose
trifft die beiden, als sie ins Bastelgeschäft
gehen.

»Du möchtest wohl auch gerne
mitkommen?«, fragt Schnüpperle.

»Nee«, sagt Annerose, »Drachen interessieren mich überhaupt nicht.«
Als Annerose abgebogen ist, sagt der Schulpate: »Jaja, so sind die Weiber.«
Schnüpperle kommt erst abends nach Hause.
»Wie weit seid ihr denn mit dem Drachen?«, fragt Vater.
»Fertig«, sagt Schnüpperle. »Vater, mein Schulkönig ist eine Kanone. Im Bastelgeschäft hat er jede Leiste gebogen. ›Mich meiert keiner an‹, hat er gesagt. ›Die Leisten müssen astrein sein.‹ Und weißt du, wie viel Schnur er gekauft hat, Vater? Dreihundert Meter.«
»Ist das viel?«, fragt Annerose.
»Das ist eine ganze Menge«, sagt Vater, »mehr hab ich nie gehabt.«
»Siehste.«
»Und wie hast du ihm geholfen?«, fragt Vater.
»Ich hab das Kreuz gehalten, als er die Seitenleisten drangenagelt hat. Und ich musste immer gucken, ob es auch achtzig Meter sind, bevor er die Leiste abgesägt hat.«

»Achtzig Zentimeter«, sagt Vater.

»Hmhm, dann musste ich das Papier halten, erst auf dieser Seite und dann auf dieser. Dann hat er geklebt und ich habe mit glatt streichen müssen. Habe ich einen Schiefer in den Daumen gekriegt, tut aber nicht doll weh.«

»Und wie ist es mit deinem Drachen?«, fragt Annerose. »Ist er auch fertig?«

»Noch nicht, den macht mein Schulkönig nächste Woche. Wir haben doch noch viele Papierstreifen geschnitten, für den Schwanz, und dann haben wir immer vier zusammengeknüppelt und in die Schnur einen Knoten gemacht. Der Schwanz ist so lang geworden.« Schnüpperle breitet die Arme aus. »Nein, noch viel länger.«

»Und worauf habt ihr die lange Schnur gewickelt?«, fragt Vater.

»Auf ein rundes Holz. Das muss ganz leicht rollen. Einmal hat mein Schulkönig an der Schnur gezogen und ich hab das Holz gehalten und einmal hab ich gezogen und er hat das Holz rollen lassen.«

»Na, dann lasst den Drachen morgen steigen«, sagt Vater.

Am anderen Tag zieht Schnüpperle gleich
nach den Schularbeiten wieder los.

»Mein Schulkönig hat gesagt, wir gehen
auf das große Feld, gleich hinter den letzten
Häusern. Da können wir ihn prima steigen
lassen, weil da keine Zäune sind. Und ich
soll meine Gummistiefel anziehen.«

Annerose sieht Schnüpperle nach. »Wenn
sie lange draußen bleiben«, sagt sie, »gehe
ich vielleicht mal gucken.«

Schnüpperle bleibt den ganzen Nachmittag
fort.

»Es muss ja doll sein«, sagt Annerose.

»Ja, der Wind geht tüchtig. Sie werden den
Drachen schon gut in die Luft kriegen«,
sagt Mutter.

Jetzt dauert es nicht mehr lange und
Annerose zieht sich ihre Gummistiefel an
und rennt los.

Eine halbe Stunde später kommt sie mit
Schnüpperle nach Hause. Schnüpperle
heult, dass ihm die Tränen nur so über das
Gesicht laufen.

»Hier«, Annerose hält ihm schon das
zweite Papiertaschentuch hin.

»Was ist denn los?«, ruft Vater.

Schnüpperle bringt kein Wort heraus.

»Ich weiß es auch nicht«, sagt Annerose.

Mutter wischt ihm die Tränen ab.

Auf einmal sagt Schnüpperle: »Ich bin schuld. Ich bin eine große Flasche. Eine Pfeife bin ich und noch viel mehr. Mag ich gar nicht sagen.«

»Schnüpperle, was ist denn los? So viel kann doch nicht passiert sein.«

Schnüpperle sieht Vater an.

»Er ist weg, Vater. Ich hab ihn fortfliegen lassen. Ich wollt ihn doch auch so gern mal halten. Erst hat mir mein Schulkönig die Schnurrolle nicht gegeben, aber ich hab gebettelt und gebettelt, und da hab ich sie gekriegt. Und das war ganz doll, Vater. Mein Schulkönig hat gesagt: ›Donnerwetter, du bringst ihn ja richtig auf Touren. Mensch, der ist ja so hoch oben, hoffentlich reicht die Schnur.‹ Und ich bin immer gerannt und gerannt, Vater, und auf einmal bin ich hingefallen und ...«

Schnüpperle fängt wieder an zu schluchzen.

»Und jetzt muss ich ihm dreihundert Mark bezahlen.«

»Wofür denn, Schnüpperle?«

»Für die Schnur und für das Papier und für
die Klebe und für die Leisten. Das kostet
dreihundert Mark.«

»Überhaupt nicht«, sagt Annerose, »er hat
immer nur von dreihundert Metern geredet
und ›Schnur, Schnur, Schnur‹ gerufen.«

»Du lieber Himmel«, sagt Vater, »das lässt
sich doch alles bezahlen. Deshalb brauchst
du wirklich nicht zu weinen, Schnüpperle.«

»Tu ich ja auch nicht, Vater, ich schüttel
auch mein ganzes Sparschwein leer. Aber
dass der Drachen fortgeflogen ist, Vater, der
schöne Drachen …«

»Und wenn wir nun zusammen einen
neuen Drachen bauen, dein Schulkönig, du
und ich?«

»Dann will ich aber auch mitmachen«, sagt
Annerose.

21
Der Wandertag

»Mutter«, ruft Schnüpperle schon vor der Haustür, »morgen haben wir keine Schule, morgen ist Wandertag. Weil das Wetter gar so schön ist, hat Frau Bornbrügge gesagt.«
»Jetzt komm erst mal rein«, sagt Mutter. Sie nimmt ihm den Tornister ab und er zieht sich den Anorak aus.
»Wer hat, der soll bloß eine kleine Umhängetasche mitbringen, wo das Frühstücksbrot reinkommt und vielleicht etwas Geld, damit er sich was zu trinken kaufen kann. Wir wollen nämlich sehr weit wandern, Mutter. Zuerst nimmt uns der Schulbus ein Stück mit, damit uns die

Beine nicht so schnell wehtun. Aber dann
geht es richtig los.«
»Und wo soll es hingehen?«, fragt Mutter.
In diesem Augenblick kommt Annerose
nach Hause. »Ich weiß genau, wo ihr
morgen hinwandert«, sagt sie, »ihr geht zur
alten Mühle.«
»Stimmt überhaupt nicht, es ist nämlich
keine alte Mühle mehr. Die ist jetzt ganz
neu, jawohl. Der Müller hat versprochen,
dass er richtig mahlt, wenn wir kommen.«
»Dazu muss ja Wind sein«, sagt Annerose.
»Frau Dornbrügge hat gesagt, morgen ist
Wind. Und wenn sie das sagt, dann ist auch
welcher, Donnerwetter.«
»Na schön«, sagt Annerose, »aber ich lach
mich krumm und schief, wenn kein Wind
geht.«
Aber es geht Wind. Schnüpperle merkt es
schon auf dem Schulweg.
»Was hast du denn alles mit?«, fragt
Sascha.
»Drei Butterbrote und zwei Würstchen.«
»Würstchen«, ruft Susanne, »aber die sind
doch gar nicht warm.«
»Ich ess sie kalt genauso gerne.«

»Puh«, macht Susanne, »kalte Würstchen.«
»Was hast du denn mit?«, fragt
Schnüpperle.
»Ich hab zwei Mettwurstbrote mit und
einen kleinen Kohlrabi.«
»Kohlrabi, puh«, macht Schnüpperle,
»puh.«
»Und ich hab zwei Käsebrote mit«, sagt
Sascha, »und zwei Birnen. Eine sollte ich
schon auf dem Schulweg essen, weil sie ein
bisschen weich ist. Aber ich hab Bastian
getroffen und Bastian hat zu mir Stinksack
gesagt und da habe ich ihn mit der
Schnittentasche verhauen.«
Jetzt kommt Frau Bornbrügge und draußen
hupt der Schulbus. Sie zählt ab, ob alle
beisammen sind, dann steigen sie ein und
die Fahrt geht los. Durch zwei Dörfer
nimmt sie der Schulbus mit. Jetzt fängt der
Wandertag an. Rechts und links am Weg

stehen große Kastanienbäume und unten liegen Kastanien, Kastanien. Jetzt fehlt allen der Schultornister. Sie packen sich die Taschen voll und Sascha stopft die Kastanien auch noch in die Schnittentasche. So viel, dass er kaum noch die Schnalle zukriegt.

Ein Stück weiter steht ein großer Ahornbaum am Weg. Sie sammeln die ersten gelb heruntergefallenen Blätter.

»Wisst ihr, woran man einen Ahornbaum erkennt?«, fragt Frau Bornbrügge.

Schnüpperle hebt eine Hand hoch und macht die Finger breit auseinander.

»Richtig, Schnüpperle, die Blätter vom Ahornbaum sind wie eine Hand mit fünf Fingern.«

»Und im Sommer hat er so schöne Nasen«, sagt Schnüpperle, »die hat mir Vater mal auf meine Nase geklebt.«

Dann kommen sie an einem Feld vorbei, über das ein Mähdrescher fährt. Sie bleiben stehen und sehen zu, wie die große Maschine die Halme in sich hineinfrisst und Strohrollen daraus macht. Die Körner pustet sie sprühend auf einen Anhänger.

»So«, sagt Frau Bornbrügge, »jetzt gehen
wir zur Mühle und ihr werdet sehen, was
der Müller mit den Körnern macht.«
Nun können sie es alle nicht mehr
erwarten. Die große Mühle ist schon von
weitem zu sehen. Sie dreht ihre riesigen
Flügel, dass die ganze Mühle wackelt. Das
merken sie, als sie zur Tür hineingegangen
sind. Susanne und Nadine wird richtig
Angst. Sie möchten lieber wieder hinaus.
Frau Bornbrügge sagt: »Wir gehen jetzt die
Treppe hinauf zum Müller, immer fünf
zusammen. Die anderen bleiben hier unten
auf den Bänken sitzen und warten.«
»Ich pass schon auf«, sagt die Müllersfrau.
Als Frau Bornbrügge mit den Ersten die
Treppe hinaufgegangen ist, sagt
Schnüpperle zu der Müllersfrau: »Du bist ja
so komisch angezogen. Ist das eine
Uniform, wie bei der Feuerwehr?«
»Nein«, sagt die Müllersfrau, »das ist eine
Tracht.«
»Eine Tracht«, fragt Schnüpperle, »kriegst
du denn immer Prügel?«
»Wie kommst du denn auf so etwas?«
»Weil mein Schulkönig manchmal sagt:

›Der kriegt von mir eine Tracht Prügel‹,
wenn er jemand verhauen will.«
»Ich krieg keine Prügel«, sagt die
Müllersfrau. »Eine Tracht ist ein besonderes
Kleid. Ihr seht es ja, meine Haube, meine
Bluse, mein langer Rock.« Die Kinder
dürfen die Knöpfe anfassen, die Ketten und
die Seidenbänder.
Und schon kommt Frau Bornbrügge mit
den ersten fünf Kindern die Treppe
herunter.
»Wir haben genau gesehen, wo die Körner
reingeschüttet werden, und nachher zeigt
uns der Müller auch das Mehl.«
Als Frau Bornbrügge mit den nächsten
hinaufgegangen ist, sagt Sascha: »Ich hab
furchtbaren Hunger.«
»Dann iss doch was«, sagt die Müllersfrau.
Sascha macht seine Frühstückstasche auf.
»Und wer nimmt meine Kastanien so
lange?«
Schnüpperle hält ihm die Hände hin und
Sascha kippt die Tasche um. Die Kastanien
kollern heraus. Im nächsten Augenblick
macht es plopp und Schnüpperle hat zwei
zermanschte Birnen in den Händen.

»Oha«, ruft Sascha, »ich hätte nicht
gedacht, dass sie so kaputtgegangen sind,
als ich Bastian mit der Schnittentasche
verhauen habe.«
»Pampe!«, schreit Schnüpperle, »und wie
das stinkt.«
»Das sind nicht die Birnen«, ruft Sascha,
»das sind bloß meine Käseschnitten.«
Die Müllersfrau ruft: »Ich hol Papier.«
Alle stehen drum herum.
»Igitt, wie das stinkt«, sagt Susanne.
Die Jungen fangen an zu lachen und auf
einmal macht Schnüpperle die Hände
auseinander und die Pampe fällt auf den
Fußboden.
»Mein Gott«, sagt die Müllersfrau, »du
hättest doch warten können, bis ich mit
dem Papier komme.«
»Ich will kein Papier«, ruft Schnüpperle,
»ich muss doch nicht aufs Klo.«
Jetzt kommt Frau Bornbrügge wieder die
Treppe herunter.
»Was ist denn hier passiert? Schnüpperle,
wie siehst du denn aus?«
»Ich kann überhaupt nichts dafür.«
Schnüpperle zeigt auf den Birnenmatsch.

»Und was so stinkt, sind Saschas Käseschnitten«, sagt Florian.
»Du lieber Himmel!«, ruft Frau Bornbrügge. »Jetzt musst du dir aber schnell die Hände waschen, Schnüpperle.«
»Na gut«, sagt Schnüpperle. »Aber auf einen Wandertag geh ich nie wieder mit, nie wieder!«

22
Finken und Frösche

»Vergesst morgen früh euer Turnzeug nicht«, sagt Frau Bornbrügge, »ihr habt in den ersten beiden Stunden Sport und in die Sporthalle darf niemand ohne Turnzeug und Turnschuhe.«

Schnüpperle hat blaue Turnhosen mit weißen Streifen an der Seite wie die Fußballer. Jedes Mal, wenn sie Sport haben, zieht er eine blaue Strumpfhose an und ein blaues Hemd. Sport haben sie nicht bei Frau Bornbrügge, Sport haben sie bei Sieglinde.

»Wieso hat die denn keinen richtigen Namen?«, fragt Annerose.

»Sieglinde ist doch ein richtiger Name«,
sagt Mutter.
»Schon, aber ich meine doch den Namen
von ihrem Mann.«
»Vielleicht hat sie keinen Mann.«
»Siehste.«
Nach den ersten Sportstunden sagt
Schnüpperle:
»Sieglinde ist ganz doll. Weißt du, Mutter,
sie macht immer alles so schön vor, da kann
man es hinterher ganz leicht alleine. Sie hat
gesagt, wenn wir gut aufpassen und richtig
loslegen, dann macht sie mit uns ein kleines
Sportfest, noch vor den Herbstferien. Jetzt
strengen wir uns alle ganz doll an.«
In jeder Sportstunde ist etwas, was
Schnüpperle besonders gut gefällt und er
immer gleich Annelie erzählen muss oder
Frau Kasseroll. Manchmal telefoniert er
auch mit Oma.
»Oma«, sagt er das eine Mal, »wir haben
heute sooo doll gesportet.«
»Geturnt«, ruft Annerose ganz laut.
»Red nicht rein, wir haben gesportet. Weißt
du wie, Oma? Sieglinde hat gezählt: eins-
zwei, eins-zwei, bis wir alle durch waren.

Dann hat sie gesagt: ›Die mit der Eins, das sind alles Finken, und die mit der Zwei, das sind alles Frösche.‹ Und ich war bei den Fröschen, zum Glück. Weißt du, was wir gemacht haben, Oma?« Schnüpperle fängt an zu quaken. »Da konnten die Finken nichts machen mit ihrem Rumgepiepse. Es war sehr laut und die Sieglinde hat mit ihrer Pfeife gepfiffen. Da sind wir alle erschrocken und haben uns in zwei Reihen aufgestellt. Vorher hat Sieglinde schon eine Bank aufgebaut gehabt und zwei Matten, und dann hat sie gesagt, wir sollen zuerst über die Bank springen, dann über die erste Matte rennen und auf der zweiten müssen wir eine Rolle vorwärts machen. Weißt du, was das ist, Oma?«

»Eine Rolle vorwärts? Nein, das weiß ich nicht.«

»Ach, Oma, das ist doch bloß einfach ein Purzelbaum. Dann hat Sieglinde gesagt, wir müssen sofort wieder zurückrennen, dem nächsten Frosch auf die Hand schlagen und dann kann der losrennen. Sieglinde hat sich unten hingestellt und gerufen: ›Achtung, fertig, los!‹ Der erste Frosch ist losgesaust

und der erste Fink auch, und alle, die in der
Reihe gestanden haben, haben losgebrüllt:
›Bas-ti-an, Bas-ti-an!‹ Oder: ›An-na, Anna!‹ Wer eben grade dran war.«
»Und wer hat gesiegt?«, fragt Oma.
»Beide gleich, aber bloß, weil in unserer
Reihe die blöde Annette keine Rolle
vorwärts kann.«
»Na, hör mal, Schnüpperle«, sagt Oma,
»einen Purzelbaum kann doch jeder. Den
konntest du schon mit drei Jahren.«
»Mit drei Jahren schon? Donnerwetter. Und
weißt du, Oma, was wir dann gemacht
haben? Dann mussten wir unter der Bank
durchkriechen und auf der ersten Matte
und auf der zweiten Matte eine Rolle
vorwärts machen.«

»Und wer hat dann gesiegt?«

»Leider die Finken, Oma. Erstens wegen Annette und zweitens wegen Martin, der ist nämlich nicht unter der Bank durchgekrochen und da gilt es nicht.«

»Ihr habt aber auch ein Pech.«

»Ja, das stimmt. Aber wenn wir uns weiter anstrengen, steigt das Sportfest trotzdem, hat Sieglinde gesagt. Und dann muss ich dir noch was Dolles erzählen. Weißt du, was wir gemacht haben, Sascha und ich? Als der Sport vorbei war und wir das Turnzeug ausziehen mussten …«

»Hast du gehört, Oma«, schreit Annerose, »jetzt hat er Turnzeug gesagt und nicht Sportzeug.«

»Du sollst mir nicht immerfort reinreden. Weißt du, was wir gemacht haben, Oma? Sascha hat sich meine Hose angezogen und ich habe mir seine Hose angezogen und Sascha ist doch viel kleiner als ich. Und dann sind wir so in die Klasse gegangen. Ach, Oma, wir haben vielleicht gelacht, Sieglinde auch und Frau Bornbrügge auch. Und beim nächsten Sport, Oma, üben wir Laufen mit zusammengebundenen Füßen

171

und außerdem noch Sackhüpfen. Darauf freue ich mich wie verrückt, weil ich das gut kann.«

»Da bist du ja schon einmal beim Kinderfest Sieger gewesen«, sagt Oma.

»Hmhm, aber weißt du, ein bisschen Angst habe ich vor dem Balkenlauf. Sieglinde hat uns den Balken schon gezeigt und Annerose hat gesagt, wenn man sich an jemand festhalten kann, ist es überhaupt nichts, und wir können uns ja an einem anderen Frosch festhalten. Aber ich glaube, das kann ich gar nicht schnell.«

»Wenn du bei allem anderen um so schneller bist, dann kannst du dir beim Balkenlauf ruhig ein bisschen Zeit nehmen. Das ist besser als runterfallen.«

»Hat Sieglinde auch gesagt. Weißt du, was wir noch machen, Oma? Dosenwerfen. Lauter leere Dosen, du weißt schon, Oma, Coca und Fanta und so, und die muss jeder so weit werfen, wie er kann.«

»Schnüpperle sucht in jedem Papierkorb rum«, schreit Annerose, »ein Ferkel.«

»Du sollst mich mit Oma in Ruhe telefonieren lassen, Donnerwetter.«

Vierzehn Tage vor den Herbstferien telefoniert Schnüpperle wieder mit Oma.

»Heute waren die letzten Sportstunden vor dem großen Fest, Oma. Sieglinde hat gesagt, aber bloß ganz leise, wir haben die besten Aussichten, ganz viele Punkte zu kriegen.«

»Hat sie damit euch Frösche gemeint?«

»Genau weiß ich's nicht, aber ich glaube.«

»Und wann soll das Sportfest sein?«

»Am letzten Donnerstag vor den Ferien.«

»Gut, ich komme«, sagt Oma.

»Aber Turnschuhe nicht vergessen, Oma, sonst darfst du nicht in die Sporthalle rein.«

23
Lokomotivführer Schnüpperle

Kurz vor den Herbstferien bringt der Postbote einen Brief. Mutter arbeitet im Vorgarten und der Postbote pfeift durch die Zähne, bevor er ihn übergibt.

»An den Schüler Schnüpperle, Jahnstr. 41 und so weiter«, liest er vor. »Allerhand, was die Post so befördert.«

»Wieso?« Mutter zieht sich einen Gummihandschuh aus.

»Schnüpperle heißt doch überall so und die Adresse stimmt.«

Der Postbote bleibt stehen, denn es ist ein großer Brief, den er gebracht hat. Mutter zieht den zweiten Gummihandschuh aus

und reißt mit dem kleinen Finger den
Umschlag auf. Dann fängt sie an zu lesen.
»Ach, du meine Güte«, sagt sie,
»Schnüpperle hat den ersten Preis im
Luftballonwettbewerb gewonnen. Sein
Ballon ist am weitesten geflogen.«
»Und was ist der erste Preis?«, fragt der
Postbote. »Sind es womöglich tausend
Mark?«
In diesem Moment klingelt im Haus das
Telefon. Das Schuhgeschäft Krikodol ruft
an und fragt Mutter, wann sie mit den
Zeitungsleuten ins Haus kommen können.
»Es wäre schön, wenn Schnüpperles Vater
dabei ist«, sagt Mutter, »denn er hat ja die
Karte am Luftballon ausgefüllt.«
»Ist gut«, sagt der Mann aus dem
Schuhgeschäft, »wir werden es einrichten.«
Heute kommt Annerose zeitiger nach
Hause, die letzte Stunde ist ausgefallen. »Ist
es wahr, Mutter, dass Schnüpperle
fünftausend Mark gewonnen hat?«
»Wie kommst du denn auf die Idee?«
»Die Leute vor dem Kaufmannsladen haben
es erzählt. Er hat den ersten Preis
gewonnen, und das sind mindestens

fünftausend Mark. Wofür hat er denn das Geld gewonnen, Mutter?«

»Schnüpperle hat überhaupt kein Geld gewonnen. Er hat eine Reise gewonnen, weil sein Luftballon am weitesten geflogen ist. Und jetzt ist er mit seinen Eltern eingeladen, ein Wochenende in Schloss Vogelsang zu verbringen. Da gibt es Wildgehege und seltene Vögel und noch etwas, und das wird Schnüpperle am meisten freuen. Er darf mit einer Dampflokomotive fahren, zusammen mit einem Eisenbahner. Zwischen Schloss Vogelsang und Ritterhude fährt eine alte Eisenbahn.«

»Woher weißt du denn das alles, Mutter?«

»Die Firma Krikodol hat es geschrieben.«

Kaum ist Vater am Abend heimgekommen, treffen die Zeitungsleute mit dem Mann vom Schuhgeschäft ein.

»Na«, fragt er Schnüpperle, »freust du dich auf deine Fahrt mit der Dampflok?«

»Hmhm, aber ich möchte auch so gerne pfeifen und die Kelle hochheben.«

»Das wird sich einrichten lassen«, sagt der

Mann von der Zeitung, »du bist ja die
Hauptperson, dir wird jeder Wunsch
erfüllt.«

»Krieg ich auch eine rote Mütze auf? Und
kann ich auch Kohle schippen? Vater hat
nämlich gesagt, in einer richtigen Dampflok
ist auch ein richtiges Feuer, da muss einer
immerfort Kohle schippen.«

»Du darfst alles machen, was du möchtest,
du bist der Allererste dort.«

»Darf ich auch richtig lenken?«

»Auch, auch. Und hast du sonst noch einen

Wunsch?«, fragt der Mann aus dem
Schuhgeschäft.

»Ja, dass Annerose auch mitfahren darf,
damit sie sieht, wie gut ich lenke.«

»Wird erfüllt«, sagt der Mann aus dem
Schuhgeschäft, »und sonst noch was?«

»Ist es schlimm, wenn ich mich sehr
dreckig mache?«

»Überhaupt nicht«, sagt der Zeitungsmann,
»du kannst dich so dreckig machen, wie du
willst. Je dreckiger du aussiehst, um so
schöner wird das Foto von dir. Das bringen
wir dann nämlich hier in der Zeitung.«

»Wieso, fährst du denn auch mit in der
Dampflok?«

Der Zeitungsmann nickt.

»Und du auch?«, fragt Schnüpperle den
Mann vom Schuhgeschäft.

Der Mann nickt. »Jetzt brauchst du nur
noch zu sagen, wann du nach Schloss
Vogelsang reisen willst.«

»Musst du Vater und Mutter fragen«, sagt
Schnüpperle. »Ich kann leider im
Augenblick nicht weg, ich gehe nämlich
schon in die Schule.«

Während Vater und Mutter mit dem Mann

vom Schuhgeschäft darüber reden, rennt Schnüpperle auf den Weg zwischen den Häusern.

»Frau Kasseroll, möchten Sie auch mitfahren, wenn ich die Dampflok lenke? Wir fahren von Schloss Vogelsang nach Ritterhude.«

»Meinst du denn, dass es möglich ist?«

»Frau Kasseroll, ich bin die Hauptperson, mir wird jeder Wunsch erfüllt.« Dann sieht Schnüpperle Annelie im Garten stehen.

»Möchtest du auch mitfahren, wenn ich die Dampflok lenke auf meiner großen Reise?«

»Ich muss erst Vater und Mutter fragen.«

»Die kannst du ruhig mitbringen und das Buberl auch. Mir wird nämlich jeder Wunsch erfüllt, ich bin die Hauptperson.« Dann trifft Schnüpperle Susanne.

»Möchtest du auch dabei sein, wenn ich mit meiner Eisenbahn fahre?«

»Glaub ich nicht, keine Lust.«

»Dann eben nicht«, sagt Schnüpperle, »der Zug ist sowieso schon zu voll. Und ich möchte noch Frau Bornbrügge mitnehmen und Sascha und Anna.«

»Schnüpperle, das Abendbrot ist fertig«,
ruft Mutter.
»Darfst du Purzel auch mitnehmen?«, fragt
Susanne.
»Na klar, ich bin doch die Hauptperson.«
»Wie weit ist denn Schnüpperles Luftballon
eigentlich geflogen?«, fragt Annerose beim
Abendbrot.
»Bis nach Kopenhagen«, sagt Vater, »dort
ist er an einem Gartenzaun hängen
geblieben.«
»Vater, wie weit ist Kopenhagener?«
»Ko-pen-ha-gen«, sagt Annerose, »du
denkst natürlich gleich wieder an Kuchen.«
»Kopenhagen ist ungefähr vierhundert
Kilometer weit weg, und das hat dein
Luftballon geschafft«, sagt Vater.
»Wie ich mich ärgern kann«, ruft
Annerose, »ich wollt einen gelben und hab
einen roten steigen lassen und Schnüpperle
wollte einen roten und hat einen gelben
steigen lassen. Und jetzt hat er alles
gewonnen.«
Schnüpperle nickt. »Und jetzt bin ich die
Hauptperson.«
Am nächsten Tag steht in der Zeitung:

»Kleiner Steppke gewann den ersten Preis.
Schnüpperle aus der Jahnstraße 41, der
gerade erst eingeschult worden ist, hat den
ersten Preis der Firma Krikodol gewonnen.
Der erste Preis ist eine Wochenendreise
nach Schloss Vogelsang und der Höhepunkt
der Reise ist eine Fahrt mit einer
Dampflokomotive, die den Kohlenwagen
und zwei Personenwagen zieht.
Schnüpperle wird die Dampflok selber
steuern. Zur Seite steht ihm ein erfahrener
Eisenbahner. Das Tageblatt wird
Schnüpperle begleiten und wir werden
unseren Lesern ausführlich davon
berichten.«

24
Schnüpperle
kommt zu spät

»Mutter, haben wir im Garten einen
Quetschgenbaum?«
»Nein, wir haben zwei Apfelbäume und
Johannisbeersträucher, sonst nichts.«
»Warum nicht?«
»Weil wir lieber Äpfel essen als Pflaumen.«
Schnüpperle seufzt. »Wenn wir keinen
Quetschgenbaum haben, dann kann ich
leider nichts mit in die Schule nehmen.«
»Schnüpperle, wovon redest du eigentlich?«
»Na, von dem Quetschgenkuchen, den wir
backen wollen. Ganz viel, hat Frau
Dornbrügge gesagt und für alle. Wir haben
nämlich in der Schule einen neuen Ofen,

zum Backen und Kochen, und der soll
eingeweicht werden, mit einem großen
Quetschgenkuchenessen. Frau Dornbrügge
hat gefragt, wer im Garten Quetschgen hat
und wer welche mit in die Schule bringen
kann. Ich hab mich gleich gemeldet und
gesagt, ich bring ganz viele mit.«
»Das war ziemlich unvorsichtig,
Schnüpperle. Aber vielleicht könnt ihr
einen Apfelkuchen backen.«
Schnüpperle schüttelt den Kopf. »Nein,
diesmal wird Quetschgenkuchen gebacken.
Apfelkuchen hatten sie voriges Jahr am Tag
vor den Ferien.«
»Das stimmt«, sagt Mutter, »voriges Jahr
hat Annerose eine große Tüte Äpfel mit in
die Schule genommen.«
»Haben sie da auch für alle gebacken?« –
Mutter nickt. – »Siehst du, diesmal soll es
Quetschgenkuchen sein.«
»Schnüpperle, es heißt nicht Quetschgen,
sondern Zwetschgen.«
»Und was sind Quetschgen?«
»Zwetschgen sind Pflaumen, die heißen so,
weil sie viel später reif werden als richtige
Pflaumen.«

»Und was soll ich jetzt machen, Mutter?
Ich hab doch gesagt, dass ich ganz viele
mitbringe, und was man verspricht, muss
man halten, sagt Vater immer.«
»Sollst du auch. Morgen kommt ja der
Äpfelmann.«
»Hat er auch Quetschgen?«
»Vorige Woche hatte er noch welche. Dem
kaufe ich eine große Tüte ab und die
nimmst du mit in die Schule.«
Am anderen Morgen trifft Schnüpperle auf
dem Schulweg den Äpfelmann mit seinem
Pferdewagen.
»Na«, ruft Schnüpperle, »hast du dich
schon gewundert, dass ich keine Äpfel mehr
bei dir hole?«
Der Äpfelmann nickt. »Und der Max hat
sich erst gewundert. Dem hat dein Brot
immer so gut geschmeckt.«
»Jaja, ich muss leider jeden Tag in die
Schule gehen, jeden Tag.«
Der Äpfelmann langt einen Apfel aus der
Kiste und drückt ihn Schnüpperle in die
Hand. Plötzlich fallen Schnüpperle die
Zwetschgen ein. »Hast du heute auch noch
Quetschgen zu verkaufen?«

»Die Letzten«, sagt der Äpfelmann, »aber zuckersüß, kannst mal kosten.«

»Sehen genau wie Pflaumen aus«, sagt Schnüpperle, »schmecken auch so. Kannst mir gleich einen Beutel voll abwiegen. Wir wollen nämlich in der Schule feinen Quetschgenkuchen backen. Ich nehm sie mit und Mutter bezahlt sie dir.«

»Alles klar«, sagt der Äpfelmann und macht einen ganzen Beutel mit Zwetschgen voll. »So, jetzt könnt ihr backen.«

»Ich warte noch, bis du weiterfährst«, sagt Schnüpperle, »ein kleines Stück möchte ich nämlich kutschieren.«

Der Äpfelmann hebt ihn auf den Kutschbock, gibt ihm die Leine in die Hände und läutet mit seiner großen Glocke. Ein paar Frauen kommen und kaufen Äpfel und Birnen ein.

Dann darf Schnüpperle mit dem Äpfelmann bis zur nächsten Haltestelle fahren. Der Äpfelmann hebt ihn vom Wagen und Schnüpperle trabt mit seinem Zwetschgenbeutel los.

Als er in die Schule kommt, ist die Klassentür schon zu.

Schnüpperle kriegt einen knallroten Kopf.
Er steht davor und traut sich nicht hinein.
»Alle werden auf mich gucken«, sagt er vor
sich hin, »wenn ich jetzt erst komme.
Bastian wird lachen und Susanne auch
und …« Auf einmal fängt Schnüpperle an
zu schreien:
»Frau Dorndrügge, ich kann die Tür nicht
aufmachen, die Quetschgen sind so
schwer.«
Frau Bornbrügge macht die Tür auf und
Schnüpperle hält den Beutel mit den
Zwetschgen hoch.
»Ist es schlimm, dass ich jetzt erst komme?«
»Bei einem Mal nicht. Meine Güte, hast du
dich abgeschleppt, Schnüpperle, so viele
Zwetschgen, das wird ein Kuchen.«
Frau Bornbrügge bringt die Zwetschgen in
den Kühlschrank und dann kann es mit
dem Unterricht weitergehen.
Am letzten Schultag müssen alle Kinder
aus dem ersten Schuljahr ein kleines
Küchenmesser mitbringen, damit sie die
Steine aus den Zwetschgen schneiden
können. Die Kinder aus dem zweiten
Schuljahr helfen mit.

Zuerst werden die Zwetschgen gewaschen, auf den großen Tisch geschüttet und mit einem Tuch trocken getupft. Dann sitzen die Kinder alle zusammen um den Tisch und schneiden eine Zwetschge nach der anderen in der Hälfte auf.
Manchmal geht der Stein gut heraus, manchmal will er nicht.
»Wenn ich noch so einen Stinksack erwische«, ruft Bastian, »schmeiß ich ihn an die Wand.«
Und Susanne sagt: »Frau Bornbrügge, ich kann das nicht hören, wenn das Messer so am Stein kratzt, dann kriege ich richtig Gänsehaut, ich muss aufhören.«
»Jaja«, ruft Schnüpperle, »wie immer, zu nichts hast du Lust. Du kriegst nachher auch keinen Kuchen.«
»Krieg ich eben keinen, meine Mutter backt auch welchen.«
In diesem Augenblick kratzt Florian mit seinem Messer auf einem Pflaumenstein herum. »Ich will deine Gänsehaut sehen! Deine Gänsehaut!«
Inzwischen hat Frau Bornbrügge den Kuchenteig fertig und auf die Bleche

gewalzt. »Du kannst die halben Pflaumen
noch einmal teilen«, sagt sie zu Susanne.
»Wer hilft Susanne dabei? Anna und
Schnüpperle.«
Als sie die erste Schüssel voll haben, dürfen
sie die Pflaumen auf den Kuchenteig legen.
»Schön in Reihen und immer der Länge
nach«, sagt Frau Bornbrügge, »und ganz
dicht, damit der Kuchen gut schmeckt.«
Sie zeigt ihnen, wie sie es haben möchte.
Zuerst sind Schnüpperle und Anna fertig
und ihr Blech wird als Erstes in den Ofen
geschoben. Nicht lange darauf duftet es in
der Küche, dann draußen auf dem Korridor,
und als das zweite Blech aus dem Ofen
kommt, duftet es in der ganzen Schule.
Um zehn Uhr sind die ersten Kuchen fertig.
Sie werden mit Zucker und Zimt bestreut
und zum Auskühlen an das Küchenfenster
gestellt. Um elf Uhr können sie endlich
aufgeschnitten werden.
Um halb zwölf sind alle Kinder vom ersten
bis zum vierten Schuljahr mit ihren
Lehrerinnen im Gemeinschaftsraum
versammelt. Die Milch-, Kakao- und
Vanilletüten stehen schon auf den Tischen.

Frau Bornbrügge und die anderen
Lehrerinnen teilen auf knallroten
Papierservietten jedem das erste Stück
Zwetschgenkuchen zu.
»Kriegt man noch eins, wenn man das hier
weghat?«, fragt Sascha.
»Ja«, sagt Frau Bornbrügge, »wir haben
doch fünf große Kuchen gebacken. Das
reicht vielleicht noch für ein drittes Stück.«
»Ach, schmeckt der Kuchen gut«, sagt
Schnüpperle. »Ich hätte nicht gedacht, dass
es in der Schule so schön ist.«

Schnüpperle
Von Barbara Bartos-Höppner
Mit Illustrationen von Julia Wittkamp

Schnüpperle, der kleine Bengel, wächst in einer glücklichen Familie auf. Seine Eltern und die resolute Oma verzeihen ihm so manche Lausbüberei und von der älteren Schwester Annerose kann er viel lernen. Langweile hat Schnüpperle nie, denn jeden Tag gibt es etwas Neues zu entdecken, erkunden und auszuprobieren.

Schnüpperle auf Reisen
ISBN-10:   3-570-12119-4
ISBN-13: 978-3-570-12119-1

Schnüpperle hat Geburtstag
ISBN-10:   3-570-05860-3
ISBN-13: 978-3-570-05860-2

Schnüpperle kommt in die Schule
ISBN-10:   3-570-05223-0
ISBN-13: 978-3-570-05223-5

Schnüpperle macht Ferien
ISBN-10:   3-570-07429-3
ISBN-13: 978-3-570-07429-9

Schnüpperle und das Ponyfest
ISBN-10:   3-570-07588-5
ISBN-13: 978-3-570-07588-3

Schnüpperle und sein grüner Garten
ISBN-10:   3-570-07982-1
ISBN-13: 978-3-570-07982-9

Schnüpperle – 24 Geschichten zur Weihnachtszeit
ISBN-10:   3-570-02743-0
ISBN-13: 978-3-570-02743-1

Schnüpperle – 24 Ostergeschichten
ISBN-10:   3-570-03597-2
ISBN-13: 978-3-570-03597-9

7263/8

www.cbj-verlag.de